내 운명을 바꾼
한글자

내 운명을 바꾼
한글자

❦ ❦ ❦

지은이 | 이강석

발행일 | 초판 1쇄 2017년 4월 13일

발행처 | 멘토프레스

발행인 | 이경숙

교정 | 김경아

인쇄 · 제본 | 한영문화사

등록번호 | 201-12-80347 / 등록일 2006년 5월 2일

주소 | 서울시 중구 충무로 2가 49-30 태광빌딩 302호

전화 | (02)2272-0907   팩스 | (02)2272-0974

E-mail | mentorpress@daum.net

E-mail | memory777@naver.com

홈페이지 | www.mentorpress.co.kr

ISBN 978-89-93442-39-7 03190

내 운명을 바꾼
한글자

멘토 H preSS

들어가는 글

✿ ✿ ✿

'한 권의 책'으로 삶이 바뀐 사람이 있습니다. '하나의 문장'으로 운명이 바뀐 사람도 있습니다. 하지만 이 책은 '한글자'로 삶과 운명을 바꿔보라고 권합니다.

아무리 좋은 책이나 문장으로 좋은 인상을 받아도 사람들은 대개 시간이 지나면 자신도 모르게 그 내용을 잊어버립니다. 그러나 깊은 의미가 담긴 한글자는 책이나 문장보다 짧아서 절대 잊지 않게 해줍니다.

이 책에서 말하는 한글자란 하나의 글자를 뜻하는 것이 아닙니다. 의미상으로는 한 단어나 낱말을 뜻할 수 있지만 제가 말하고자 하는 바를 새롭게 담아낼 신선한 말이 필요했습니다. 고민 끝에 '크다'라는 뜻을 담은 순우리말 '한'을 생각해냈습니다. 책에 나온 낱말들은 그 속에 또 다른 낱말을 품고 있어 제게 사유의 물꼬를 터준 대견한 말들입니다. 그래서 이런 말들에 새로운 의미, 새로운 이름을 더해주고 싶었습니다. 서로 다른 뜻을 간직한 말들을 감싸안고 있는 큰 말들은 겹겹의 향기로운 꽃잎처럼 풍부한 의미와 해석으로 인생을 풍요롭게 해줍니다. 하여 '큰 의미를 담은 말'이라는 뜻에서 '한글자'라는 말을 새롭게 만들어 쓰기로 했습니다.

flower라는 한글자를 예로 들어보겠습니다. flower라는 한글자에는 '낮은'을 뜻하는 low가 들어 있습니다. flower라는 한글자는 low와 연결되어 '나를 낮추면 꽃처럼 향기가 난다'라는 의미를 만들어냅니다. 일상에서 나를 낮추어 항상 겸손하라는 뜻이지요.

의미가 담긴 한글자는 이렇게 강렬한 충격(impact)을 뇌리에 남깁니다. 철학이 담긴 한글자를 반복해서 되새길 때마다 통찰력(insight)을 줍니다. 한글자(flower) 안에 또 다른 한글자(low)가 있다는 것을 통해 일상에서 당연하다고 생각하고 바라보았던 대상을 한 번 더 의미있게 바라보는 훈련을 할 수 있습니다. 대상을 한 번 더 생각한다는 것은 바로 배려의 마음이기 때문입니다. 이렇듯 한글자로 의미를 새기는 이유는 기억하기 쉽고 일상에서 언제나 접할 수 있기 때문입니다. 또 일상에서 자주 접할 수 있어야 꾸준하게 진리를 실천할 수 있습니다.

진리를 실천하는 이유는 어디에도 얽매이지 않는 '자유'와 괴로움이 없는 '행복'을 얻기 위함입니다. 나 자신을 자책이나 통제의 대상이 아니라 관찰의 대상으로 삼으라는 말입니다.

일일시호일日日是好日, 즉 '날마다 기쁜 날'이란 말로 유명한 중국 당나라 때 선사 운문스님(?-940)은 '도'를 묻는 질문에 한글자로 답하곤 했습니다. 누군가 "무엇이 올바른 진리의 안목입니까?"라고 질문하면 "보普"라고 답하는 식입니다. 진리는 어디에나 널려 있다는 뜻이지요. "그러한 진리를 어떻게 얻습니까?"라는 질문에 선사는 "친親"

이라고 답합니다. 직접 체험하고 느껴보라는 뜻입니다. 이렇게 한글자에 의한 진리의 깨우침과 실천은 강렬함과 통찰력을 줍니다. 강렬하기에 오래 기억이 되고 통찰력을 주기에 잠시 마음에 와 닿았다 잊히는 것이 아니라 지금, 여기에서 실행하고 싶어지는 것입니다.

그 한글자들은 coffee, door, stone 등 일상에서 자주 접할 수 있는 사물들이나 always, change, good 등 쉬운 글자들입니다. 이렇게 쉽게 일상에서 접할 수 있고, 쉽게 이해할 수 있는 한글자라야 반복해서 자신을 돌아볼 수 있게 됩니다. 일상에서 한글자로 수행하는 이유는 오직 하나입니다. 욕심내지 않고 비우고 내려놓으며, 화내지 않고 겸손하며, 어리석지 않고 지혜롭자는 것입니다. 즉 무한한 잠재능력을 가지고 있는 자신을 가로막고 있는 탐진치貪瞋癡에서 벗어나 자유롭고 행복하게 살자는 것입니다.

그래서 이 책은 세 가지를 지향합니다. 기억하기 쉽게 ice의 머리글자로 설명하겠습니다. 우선 재미있어야(intereting) 합니다. 이 책에 소개한 모든 한글자는 각각의 한글자 안에 그 한글자의 의미를 새기게 해주는 또 다른 한글자가 있습니다. believe라는 한글자 안에 의미를 새기게 하는 lie가 들어 있어 '거짓말하지 않아야 믿음이 생긴다' 라는 식으로 말입니다. 잘 알고 있고 자주 보았던 글자인데도 그 안에 또 다른 글자가 있다는 것을 몰랐기에 글자 속 또 다른 글자는 강한 흥미를 불러일으킵니다. 뇌리에 오래 남을 수 있는 근거가 되는 것입니다. 다시 말해 '아하! 왜 나는 한 번도 그 생각을 못했을까?' 라는 인식이 들면서 우리 삶을 보다 흥미롭게 바라볼 수 있게 됩니다.

다음으로 이 책은 명확한(clear) 진리를 설명하고 있습니다. 시간과 장소에 따라 변하는 진리가 아니라 언제, 어디서나 적용될 수 있는 진리를 말하고 있습니다. 일상에서 부딪치는 모든 괴로움을 해결할 수 있는 진리를 명확하게 제시하고 있습니다.

마지막으로 이 책은 쉽게(easy) 진리를 일상생활 속에서 실천할 수 있는 내용을 담고 있습니다. 이해가 어려우면 진리에 접근하기 어렵습니다. 하지만 이 책에 있는 한글자들은 아주 쉽습니다. 그래서 쉽게 이해되고 그것을 바탕으로 바로 실행에 옮길 수 있습니다.

한글자들로 자신의 삶이 바뀔 수 있다는 것을 '믿고', 각각의 한글자가 의미하는 진리의 내용을 '이해'하고, 이러한 믿음과 이해의 바탕에서 '실행'해야 합니다. 그러면 스스로가 변화의 '증거'가 됩니다. 자신이 변하면 당연히 주변이 바뀝니다. 이보다 더 기쁜 운명의 변화가 있을까요? ice가 얼음이라는 뜻이니, 얼음물을 마시면 갈증이 사라지듯, 각각의 한글자가 삶의 고난과 고통도 시원하게 해결해주길 바랍니다.

이 책의 핵심은 본문에 들어 있는 대로 낮추고(flower), 내려놓고(down), 멈추라(stop) 입니다. 나를 낮추면(low) 꽃(flower)처럼 향기가 나고, 나를 집착에서 내려놓으면(down) 모든 것을 얻고(own), 지나친 욕망을 멈추면(stop) 정신의 최고경지(top)에 도달할 수 있다는 것이 필자의 간절한 전언입니다. 이렇게 진정한 삶은 역설의 연속입니다. 낮추고, 내려놓고, 멈추면 지금까지 경험해보지 못한 새로운 삶을 살 수 있습니다.

100세 시대라고 합니다. 50세가 되던 해 인생의 절반을 살았다고 생각했습니다. 살아온 50년을 정리해보고 싶었습니다.《특허받은 영어학습법》을 출간하여 '재미' 있는 공부를 제시했기에, 이제 '의미' 있는 공부를 전하고 싶었습니다. 영단어에 대한 독특한 해석이 제 전문 분야라서 이번에도 영어 한글자를 통해 삶의 의미와 가치에 대해 말하고 싶었습니다. 이 책은 그런 6년간 모색의 결과물입니다.

이 책의 한글자들은 모두 영어단어들입니다. 전 세계의 인터넷에서 가장 많이 사용되는 언어가 영어입니다. 그래서 아주 쉬운 영어단어로 외국인들도 일상에서 수양하는 것이 가능하다고 생각했습니다. 제 책의 저작권 협상을 위해 프랑크푸르트 도서전에 참가할 때마다 들었던 생각이었습니다. 국내에서 학생과 일반인은 물론 수많은 목사님, 신부님, 스님, 원불교 교무님과 이 책의 내용에 대해 토의를 해보았습니다. 어려운 진리를 쉽게 풀어서 설명하는 것이 최대의 장점이라는 분에 넘치는 평을 많이 들었습니다.

그래서 내친 김에 영어의 본 고장인 런던과 영어어휘의 상당부분을 차지하고 있는 불어의 본고장 파리에 가서 이 책의 내용에 대한 의견을 듣고 싶었습니다. 런던과 파리의 버스나 전철 그리고 식당이나 공원 등 일상에서 만난 사람들에게 원고내용을 보여주고 설명을 해보았습니다. 그들의 직업도 다양했습니다. 대학교수, 금융전문가, 드라마작가, 다큐멘터리작가, 대학생, 식당주인, 승무원, 카페주인, 공무원 등 다양한 직업을 가진 사람들이 한글자 한글자에 대한 저의 설명을 들으면서 놀라움을 금치 못하는 표정들을 잊을 수 없습니다. 자신들도 매일 보는 단어에 또 다른 단어가 있을 줄 몰랐고, 두 단어를 연결하여 삶의 진리를 설명하는 방식에 대해 공감하는 것을 보고 진리는 어느 곳에서도 통한다는 생각이 들었습니다. 가능하면 이 책이 여러나라 언어로 번역이 되었으면 좋겠다는 생각이 강렬하게 들었습니다.

　성경에 '쉬지 말고 기도하라'라는 말이 있습니다. 부처님도 열반에 들기 전에 '불방일不放逸하라' 즉 '쉬지 말고 정진하라'고 했습니다. 쉬지 않고 기도하고 게으르지 않게 정진하려면 일상이 진리를 실천하는 장이 되어야 할 것입니다. 이 책에 있는 한글자들이 그런 역할을 하는 데 조금이라도 도움이 되길 바랍니다.

2017년 3월
이강석

목차

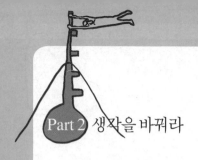

Part 2 생각을 바꿔라

Part 3 운명을 바꿔라

이 책
사용법

책을 꼭 순서대로 읽을 필요는 없습니다. 마음에 드는 한글자를 먼저 읽어도 상관없습니다. 이 책은 각각의 한글자를 삶에서 실천하는 것을 중요하게 생각합니다. 자신의 삶에서 지금 당장 필요하다고 생각하는 한글자를 골라 일주일이고 한 달이고 계속 삶에서 실천해보세요. 그리고 나서 그 다음 한 글자를 골라서 실천하면 조금씩 삶에서 변화가 오기 시작함을 느낄 것입니다. 예를 들어 flower를 통해 일상에서 꾸준히 자신을 낮추는 연습을 하고, 다음에 small을 통해 일상생활의 모든 일들을 정성스럽게 하는 방법으로 하나씩 하나씩 자신이 부족하다고 생각한 것을 변화시켜 보세요. 그러면 삶이 바뀌고 운명이 바뀔 것입니다. 각각의 한글자에 대한 본문의 설명이 있지만, '강을 건넜으면 뗏목을 버려라' 라는 말처럼 본문의 내용도 잊어버리고 오직 한글자만 기억하기 바랍니다.

자, 내 운명을 바꿀 한글자, 찾으러 갈 준비 되었나요?

small door bread part
flower choice chocolate want lonely hundred
spray goal seat house coff
habit
tear
beggar close friend bread heart door
small flower sho
choice tongue mask
stone believe sea
meet
flower door small choice chocolate want
part bread lonely spray habit train
hundred goal seat house coffee flower
mask train art abit

Part 1

일상을
바꿔라

flower

나를 낮추면
꽃처럼 향기가 난다

겸손

✿ ✿ ✿   '벼는 익을수록 고개를 숙인다' 라는 말은 겸손을 이야기할 때 우리가 항상 떠올리는 말입니다. 겸손한 사람을 만나면 참 기분이 좋습니다. 그의 인격이 느껴지고 그를 닮고 싶다는 생각을 하게 됩니다.

그런데 점점 더 겸손한 사람을 보기 힘든 세상에 우리는 살고 있습니다. 특히 지위와 학식이 있는 사람일수록 겸손한 모습을 찾아보기 어렵습니다. 우리는 자신이 옳다고 생각하는 아집이 강합니다. 그리고 자신을 인정받고자 하는 욕망이 강합니다. 그래서 말이 많아지고 상대를 업신여기는 경우가 비일비재합니다. 흔히 이야기하는 갑질도 겸손하지 않은 자세입니다. 어떻게 해야 겸손함이 몸에 밴 사람이 될 수 있을까요?

자신을 낮추는 자가 가장 겸손한 사람입니다. 테레사(1910-1997) 수녀는 "허리를 굽히고 섬기는 사람에게는 위를 쳐다볼 시간이 없습니다" 라고 말한 바 있습니다. 자신을 낮추어 겸손이 몸에 배게 하라는 뜻이겠지요. 중세의 성인인 프란치스코의 이름을 딴 프란치스코 교황(2013년 3월 13일 제266대 교황으로 즉위)은 리무진 대신 버스를 타고 다니고, 무릎을 꿇고 여인의 발을 씻겨주는 행동 등을 보여주며 진정으로 자신을 낮추어 가난한 자들 가운데 서고 있습니다. 그러한 겸허함으로 프란치스코 교황은 현재 수많은 사람들로부터 존경을 받고 있습니다. 지금도 그를 보기 위해 전세계 사람들이 종교와 이념을 넘어

바티칸 광장으로 모여들고 있습니다. 또 우루과이의 전직 대통령인 호세 무히카는 관저를 노숙자들이 사용하도록 허용하고, 월급의 90퍼센트를 가난한 자들에게 기부하는 등 항상 낮은 자세로 국민을 섬겼습니다. 그는 역사상 가장 가난한 대통령이었지만 그의 재임기간 동안 국민들은 가장 잘 살았습니다.

나폴레옹(1769-1821)과 더불어 역사상 가장 유명한 정복왕으로 불렸던 칭기즈칸 또한 따지고 보면 겸손한 사람이었습니다. 전쟁을 하면서 병사들과 같이 길바닥에서 잤으며 전리품은 그들과 평등하게 나누어 가졌기에 인류역사상 가장 큰 제국을 건설하며 칸(1206)으로 등극할 수 있었습니다. 나를 낮추었기에 칭기즈칸은 사람을 얻을 수 있었던 것입니다. 이를 '하심득인下心得人'이라고 합니다.

그리고 학식과 덕망이 높았던 공자(BC 551-BC 479) 또한 겸손한 인물이었음을 입증하는 말이 《논어》에 등장합니다. '자입태묘 매사문子入大廟 每事問'이 바로 그것입니다. 이는 '공자가 태묘에 들어가 제사를 지낼 때 매사에 물었다' 라는 뜻으로 공자는 항상 자신을 낮추며 알고 있는 것도 묻고 또 물었던 것입니다. 익히 알고 있으매 잘난 척하지 않고 항상 주변 사람들의 마음을 살피며 겸손하게 말과 행동을 했던 것입니다.

또 중국 당나라 때의 방거사(?-808?) 어록 중에 이런 말이 있습니다. '한여름 무더위 어려운 고비가 없이 어떻게 가을 벼가 무심히 고개 숙이리요.' 어려운 시련을 겪어본 사람만이 진정으로 자신을 낮출 수 있다는 뜻이겠지요. 성경에도 '누구든지 자신을 높이는 이는 낮아지고,

자신을 낮추는 이는 높아질 것이다(누가복음 18장 14절)'라는 말이 있습니다.

이렇게 동서양의 모든 성인의 가르침의 핵심에 겸손함이 들어 있습니다. 그래서 '오만함'이란 뜻의 pride라는 글자에 '제거하다'라는 뜻의 rid가 들어 있는 것 같습니다. 마음속에 오만함은 꾸준한 수행을 통해서 없애야겠지요.

겸손한 사람은 남에게 비굴한 사람이 아닙니다. 세상에서 가장 당당한 사람입니다. 처음부터 겸손한 사람은 없습니다. 자신을 여러 번 진정으로 죽였기에 겸손할 수 있는 것입니다.

이렇게 자신을 죽여 본 경험이 없는 사람은 겸손할 수 없습니다. 또 깊은 시련과 고통을 겪어보지 못한 사람도 겸손한 자세를 지니기 어렵습니다. 운동장에서 시소를 타보면 알겠지만, 내가 내려가야 상대가 올라갑니다. 시소의 원리처럼 겸손은 결국 나를 낮추고 진정으로 상대를 드높이는 일입니다.

나를 죽이고 상대를 드높이는 것이 몸에 밴 사람만이 진정으로 겸손한 사람입니다.

세상의 가장 차가운 마음도 녹이는 겸손한 마음과 태도를 가져보는 건 어떤가요? 내가 진정 자신을 낮추어 상대를 존중하고 귀히 여기면 내 겸손의 향기는 사람들 마음속에 스며들어 내가 없는 자리에서도 항상 나를 생각하게 될 것입니다. 내 이야기에 귀를 기울여주고, 내 마음과 항상 주파수를 맞추려고 노력하는 사람이 어찌 매력적이지 않겠습니까? 이때 중요한 것은 겸손하면서도 당당함을 잃지 않는 것입니다. 겸손한 척하면서 마음속에는 오만한 마음을 품거나, 겸손한 것이 비굴함이 된다면 진정한 겸손함이 아닙니다. 조화가 향기가 나지 않는 것과 같습니다.

일상에서 겸손을 훈련하기 위해 flower를 떠올리기 바랍니다. '꽃'이라는 뜻의 flower에는 '낮은'이라는 의미의 low가 들어 있습니다. 두 개의 한글자를 서로 연결하여 '나를 낮추면 꽃처럼 향기가 난다'라고 항상 훈련해보세요. 나를 낮추다보면 어느새 나는 꽃처럼 향기가 피어나는 사람이 됩니다. 처음에는 잘 안 되겠지요. 하지만 평소 flower를 볼 때마다 자신을 낮춰야겠다고 생각하고, 일상에서 겸손을 실천해보기 바랍니다.

door 실행을 해야 문이 열린다

실행

❀❀❀　　　성경에 '두드려라, 그러면 열릴 것이다(마태복음 7:7)'라는 말이 있습니다. 행동으로 옮기면 원하는 것을 얻을 수 있습니다. 하지만 생각은 많은데 실행으로 제대로 옮기지 못하는 사람들이 많습니다. 생각을 실행에 옮기는 데 장애가 되는 것은 역시 실패할까 두려워하거나 거절당할까봐 주저하는 마음 때문입니다. 실패에 대한 두려움 없이, 실패에서 배움을 얻는다는 생각으로 행동에 옮겨보세요. 그러면 훨씬 실행하는 데 부담이 없을 겁니다.

　사과를 하거나 사랑을 고백할 때도 마찬가지입니다. 솔직히 얘기했다가 사랑하는 상대를 잃거나 거절당할까봐 실행을 못하는 경우가 많습니다. 나의 사과나 고백이 상대에게 받아들여지길 간절히 기대하다보면 이에 지나치게 연연을 하게 되고, 이러한 집착이 실행에 옮기지 못하는 원인이 됩니다.

　사과나 고백은 나의 영역이고 그것을 받아들이는 것은 상대의 영역입니다. 내가 할 수 없는 영역까지 바라고 기대하기에 행동함에 주저하게 되는 것입니다. 쉽지는 않겠지만 거절당해도 좋다, 라는 마음가짐으로 임하면 결과에 관계없이 내 마음이 편해질 수 있습니다.

　이때 중요한 것은, 실행은 반드시 올바른 판단을 전제로 한다는 점입니다. 무모한 실행은 실행하지 아니한 만 못하기 때문입니다. 올바른 판단은 또 다른 올바른 실행으로 이어지는 선순환을 만들어냅니다. 그러므로 올바른 판단을 위해 생각을 신중히 하는 것은 문제가 없지만, 실행을 미루기 위해 이리저리 생각을 옮겨다니는 것은 좋지 않습니다.

머리가 하나이고 발이 둘인 것은 생각보다 행동을 더 많이 하라는 뜻입니다.

'실행하는 힘'을 기르려면 어떻게 하는 게 좋을까요? '문'을 뜻하는 door에는 '실행하다'라는 의미의 do가 들어 있습니다. '실행을 해야(do) 문(door)이 열린다'라고 두 글자를 서로 연결하여 생각해보세요. 문은 벽 옆에 있습니다. 그렇습니다. 생각을 행동으로 옮기지 않으면 문도 벽에 불과합니다.

실패나 거절을 두려워하지 않고 행동으로 옮겼을 때 문은 열리는 것입니다. 성취를 이룬 사람들은, 생각에 오래 머물러 있지 않고 곧바로 실행에 옮깁니다. 실패를 두려워하지 않기 때문입니다.

실행하기 좋은 때는 없습니다. 바로 지금이 실행할 때입니다. 실행을 통해서 우리는 관념과 현실의 차이를 점점 줄여가는 경험을 하게 됩니다. 실행을 하지 않으면 실행대상이 실제보다 크게 부풀려져 내 앞에 존재하거나, 실제보다 아주 만만해 보이기도 합니다. 그런데 막상 실행해보면 세상만사 그리 녹녹치 않음을 알게 됩니다. 무수한 경험, 시행착오를 통해 실행력은 쌓입니다. 대상을 너무 높게 보지도, 너무 가볍게 여기지도 않는 것이 실행력의 특징입니다. 실행하는 힘이 몸에 배면 그 다음 단계는 좀더 어려운 과제에 도전하려는 마음이 생깁니다. 실행하는 힘은 단계별로 커가는 게 아니라 각각의 실행경험이 쌓이면서 큰 도전에 기죽지 않고 도전하려는 마음으로 발전합니다.

천리 길도 한 걸음부터입니다. 작은 실행이 쌓여야 큰 도전을 해낼 수 있습니다. 어떤 일도 안 하는 것이지 못하는 것은 없습니다. 행하는 것은 한 가지 이유지만, 못하는 것은 수천 가지 이유가 있을 수 있습니다. 실행을 통해서 두려움의 벽을 용기의 문으로 바꿔버리세요. 마음 속에서 앞으로 나아갈 문을 벽으로 만들어버리는 두려움이나 불안 따위는 떨쳐버리길 바랍니다. door에 do가 있음을 항상 생각하고 일상에서 매일 훈련하기 바랍니다.

Small 작은 것 안에 모든 것이 들어 있다

정성

✿✿✿   '일미진중함시방—微塵中含十方'이란 말이 있습니다. 작은 티끌 안에 온 우주가 들어 있다는 말이지요. 어떻게 작은 먼지 안에 우주가 들어 있다고 할 수 있을까요? 얼핏 이해가 되지 않습니다. 하지만 작은 반도체칩 안에 수백 권의 백과사전도 들어갈 수 있고 팔만대장경도 들어갈 수 있는 것을 보면 이해 못할 일도 아닙니다. 그러니 작은 것 안에 아주 큰 것이 들어 있다 해도 무리는 없을 듯합니다. 어찌 보면 우리가 살고 있는 지구도 아주 크지만 우주 전체로 보면 작은 먼지와 같습니다.

'나비효과'라는 것도 같은 맥락이라고 할 수 있습니다. 북경에 있는 나비의 펄럭이는 날개짓이 지구 반대편 뉴욕에 허리케인을 불러 일으킨다는 이론인데, 작은 행위 하나가 상상할 수 없이 엄청나게 큰 결과를 가져온다는 말이겠지요.

이렇듯 작은 것은 겉보기와 달리 결코 작은 것이 아닙니다. 우리는 일상생활에서 하는 자잘한 행동 또한 작고 가볍게 여기며 소홀히 대하기도 합니다. 이를테면 방을 청소하거나 설거지를 하거나 약속을 하거나 그 어떤 일도 작은 일이란 없습니다.

간혹 이렇게 말하는 사람이 있습니다.

"나는 이런 시시한 일이나 할 사람이 아니야!"
"나는 이런 촌구석에서 썩을 사람이 아니야!"

이처럼 자신이 하는 일을 가볍게 여기며 현실에 만족하지 않는 사람을 대할 때마다 어리석다는 생각이 들기도 합니다. 작은 일을 제대로 못하는 사람이 어떻게 큰일을 제대로 해낼 수 있을까요?

정성스럽게 하는 일에 작은 일이란 없습니다.

'꽃 한 송이가 피었습니다. 지구 한 모퉁이가 아름다워졌습니다.' 라는 시구절이 있습니다. 작은 일을 정성스럽게 하는 사람은 자신의 작은 선행으로 우리가 살고 있는 세상을 아름답게 만듭니다. 또 경제학자 에른스트 슈마허(1911-1977)의 책제목 '작은 것이 아름답다'가 전하는 의미처럼 작은 것들은 큰 것이 담지 못하는 진정한 가치를 담고 있기에 아름다운 것입니다.

한번은 아침 출근시간에 1호선 지하철을 타고 종로3가역에서 3호선으로 갈아타려고 많은 사람들 뒤에서 에스컬레이터를 타기 위해 한 걸음 한 걸음 옮기고 있었습니다. 그런데 반대편에서 에스컬레이터를 타고 올라오던 앳되어 보이는 한 여학생이 메고 있던 가방의 지퍼가 열리며 내용물이 바닥에 모두 쏟아졌습니다. 수많은 인파 속에서 얼굴이 하얘지며 당황해서 어쩔 줄 몰라하는 여학생의 표정이 순간적으로 스쳐 지나갔습니다. 바쁜 출근시간이라 그 광경을 보고도 다들 그냥 지나갔지만 나는 그 여학생과 같이 쭈그려 앉아 주섬주섬

내용물을 하나씩 가방에 담아주었습니다. "괜찮아, 괜찮아"라고 안심을 시켜가면서 말입니다. 사태가 수습이 될 즈음에 그 여학생의 얼굴이 다시 환하게 펴지는 것을 볼 수 있었습니다.

작은 일에 정성을 다하고 작은 선행을 하는 것이야말로
지금, 여기에서 가장 행복하게 존재하는 방법입니다.

작은 것이 결코 작은 것이 아니고, 큰 것이라고 해도 더 큰 것의 입장에서 보면 작은 것에 불과하다는 지혜를 일상에서 훈련하기 위해서 small이라는 한글자를 가슴에 항상 새기길 바랍니다. small이라는 말에는 '모든 것'을 뜻하는 all이 들어 있습니다. 작은 것 안에 모든 것이 들어 있다는 것을 마음에 새기고 또 새겨서 어리석음을 물리치는데 아주 적격인 한글자, small을 부적처럼 지니고 다니기 바랍니다.

Choice 선택은 얼음처럼
냉철해야 한다

선택

✿ ✿ ✿　　　영어 철자 b와 d 사이에는 c가 있습니다. 이것을 인생에 비유해서 b는 탄생을 뜻하는 birth를 상징하고 d는 죽음을 뜻하는 death를 상징한다고 생각해봅시다. 그러면 b와 d 사이에 있는 c는 무엇을 상징할까요. 바로 선택을 뜻하는 choice라고 할 수 있지 않을까요. 그래서 철학자 사르트르는 '인생은 B와 D 사이의 C다' 라고 말한 것입니다. (사르트르의 이 말과 더불어 그의 대표작 《구토》의 첫 문장을 제가 저술한 《세계 명작의 첫문장으로 공부하는 특허받은 영어학습법》에 소개한 적이 있어, 파리 몽파르나스역 앞에 있는 그의 묘지에 장미꽃 한 송이를 헌화하는 것으로 그에게 진 빚을 갚은 적이 있습니다.)

삶은 탄생(birth)과 죽음(death) 사이에 있는 끝없는 선택(choice)의 연속입니다. 한 번 내린 선택 때문에 삶 전체가 일그러지는 경우가 있습니다. 그러니 매번 선택은 냉철해야 합니다. 이럴 수도 있고 저럴 수도 있는 따뜻한 선택이란 없습니다.

선택을 할 때는 언제나 두 가지를 고려해야 합니다. 하나는 선택한 것에 대해 책임을 지는 것이고 또 다른 하나는 선택되지 않은 것에 대해 미련을 갖지 않는 것입니다.

인생도 하나의 답안지와 같습니다. 그 답안지를 정답으로 가득 채울지 오답으로 얼룩지게 할 것인지는 오로지 자신의 냉철한 선택에 달려 있습니다. 인생의 기로에서 어떤 선택을 할 때마다 우리가 떠올려야 할 것은 과연 책임감 있게 지금의 일을 끝까지 이행해낼 수 있겠는가, 자문하며 신중에 신중을 기해야 한다는 점입니다.

이제 결과에 대한 책임을 질 수 있다고 판단되면 선택을 함에 망설일 필요는 전혀 없습니다. 매사 신중한 선택을 통해 진실되게 일궈온 삶, 올바른 모범답안을 만들고자 부단히 노력한 나날들, 이것이야말로 진정으로 '나'를 나답게 하는 주체적 삶이라 할 수 있습니다. 이때 주의할 것은 과거의 신중한 선택들이 모여 오늘의 내가 되었음을 절대 잊어선 안 된다는 점입니다.

하지만 신중한 선택을 했다고 하여 이에 따른 결과가 항상 좋으리라 기대해서도 안 됩니다. 선택한 것에 대해 책임지고 이행하는 과정 그 자체가 삶을 오답으로 만들지 않고 정답으로 만들어가는 과정이기 때문입니다. 또한 선택한 일이 결국 실패로 귀결되어도 실망하고 주저앉아선 안 됩니다. 우리는 성공뿐만 아니라 실패에서도 충분히 인생의 교훈을 얻을 수 있기 때문입니다. 지금 실패하였다고 좌절하고 있나요? 쓰러진 지점에서 다시 일어나 앞으로 나아가길 바랍니다.

또한 선택을 할 때는 선택을 강요당하기보다는 스스로 선택할 수 있도록 언제나 능동적 삶을 사는 것이 중요합니다. 강요된 선택은 결국 자신의 삶을 파국으로 몰고갈 수도 있음을 명심해야 합니다.

가지치기를 해야 더 크고 튼튼한 나무가 되는 것처럼, 더러 인생에서 사소한 것은 버리는 선택을 해야 할 때도 있습니다. 사소한 것에 연연하는 우유부단함을 과감히 떨쳐냈을 때, 그 신중한 선택이 빛을 발하기도 합니다.

그래서 선택한 것에 대해 책임을 지는 것 못지않게 중요한 또 하나는 선택하지 않은 것에 대한 미련을 버리는 일입니다. 무엇을 선택한다는 것은 반드시 뭔가 다른 하나는 버린다는 뜻입니다. 일단 선택하면 망설임 없이, 과감히 밀고 나가야 합니다. 그런데 최선의 선택을 했다고 하여도 중도에 일이 순조롭게 진행되지 않으면 과거 선택하지 않은 것에 대한 아쉬움, 미련이 남아 있을 수 있습니다. 그래서 어떤 일을 선택할 때 '욕심이나 욕망'에 의한 선택이 아닌 '가치에 기반한 의지'에 의한 선택을 하는 것이 중요합니다. 의지적 주도적 선택을 하게 되면 설령 일이 뜻대로 되지 않아도 흔들림 없이 앞으로 나아갈 수 있습니다.

높은 산에서 강물을 바라보면 끝없이 굽이굽이 도는 모습을 보게 됩니다. 인생도 그런 물줄기처럼 끝없이 방향을 바꾸어 궤도수정을 해야 하는 선택을 요구받게 됩니다. 하지만 강물이 바다로 가듯 매순간 하나하나의 신중한 선택은 인생의 큰 목표와 긴밀히 연결되어야 합니다. 이러한 점을 주지하고 있다면 선택한 일을 추진하는 과정 중에 닥친 작은 시련이나 고난일랑 떨쳐버리고 굳건히 앞으로 나갈 수 있습니다.

'지혜로운 자는 빠른 길보다는 바른 길을 간다'는 말이 있습니다. 내가 선택한 일이 바른 길이라면 곁눈질하지 말고 그냥 앞으로 가면 됩니다. 자신에게 정직하면 올바른 선택을 할 수 있습니다.

세상의 시선을 따라가면 안 됩니다. 결국 최선의 선택은 순간을 최선으로 사는 것입니다. 그것이 최고의 선택으로 인생을 사는 길입니다.

제 인생에서 가장 잘한 선택 중의 하나는 부친이 강권한 법학이 아닌 영문학을 선택한 일이라 생각합니다. 사법시험에 합격하면 사회적 지위와 부가 보장되는 법학 공부보다는 인간의 삶, 인생을 좀 더 폭넓게 통찰하는 영문학에 더 이끌렸습니다. 그리고 세계 최강대국인 미국의 군대가 70년 가까이 주둔하고 있는 대한민국의 대표적인 기지촌인 '동두천'을 문학적으로 형상화시키고 싶은 마음이 영문학을 선택하게 된 더 근원적인 이유입니다.

단 한 번도 이러한 나의 선택에 후회를 해본 적이 없습니다. 아직도 나의 꿈은 현재진행형입니다. 아마도 그 언젠가는 나의 삶의 터전인 동두천에 대한 뼈아픈 역사가 문학으로 되살아날 날이 반드시 오리라 믿고 있기 때문입니다.

선택이라는 뜻의 choice에는 얼음을 의미하는 ice가 들어 있습니다. 선택은 얼음처럼 냉철해야 합니다. 선택을 할 때는 충분히 상황을 고려해서 냉철하게 결정해야 합니다. 선택은 얼음처럼 냉철하게 하고 실행은 활화산처럼 열정적으로 하면 됩니다. 경솔하고 가볍게 선택을 하면 반드시 선택에 후회를 하게 됩니다. 잊지 마세요, choice에는 ice가 들어 있다는 것을!

Chocolate

초콜릿처럼 달콤한 일은 나중에 온다

절제

❦❦❦　미국의 심리학자 월터 미셸(1930-) 박사가 스탠포드 대학에 교수로 재직할 당시인 1966년 653명의 4살 아이들에게 했던 '마시멜로 실험'을 아시나요? 당시 아이들에게 마시멜로가 한 개 놓여 있는 접시와 두 개 놓여 있는 접시를 보여주고 지금 먹으면 한 개를 먹을 수 있지만 선생님이 돌아올 때까지 먹지 않고 있으면 두 개를 주겠다고 약속했습니다. 그러고는 마시멜로가 하나만 있는 그릇을 아이 앞에 남겨놓고 방에서 나갔습니다. 아이들의 반응이 어땠을까요? 그냥 먹는 아이, 참다가 먹는 아이, 끝까지 안 먹는 아이…….

이 아이들을 15년이 지나 다시 만난 후 그들의 삶을 연구한 결과가 흥미롭습니다. 마시멜로를 먹지 않고 참은 아이일수록 학업과 인생에서 좋은 성취를 이루어냈고, 인내하지 못한 아이들은 마약중독, 사회부적응 등 삶의 질이 한참 떨어지는 인생을 살고 있었습니다. '인내는 쓰고 열매는 달다'는 속담이 실제로 맞다는 것을 여실히 증명하는 실험이라고 할 수 있습니다.

'지켜보는 가마솥은 더 늦게 끓는다'는 속담이 있습니다. 원하는 것을 빨리 얻으려고 조급한 마음을 내면 원하는 것을 오히려 더 늦게 얻거나 못 얻는 일도 일어날 수 있습니다. 목적지에 빨리 가려고 신호를 위반하고 주행하다 사고가 나서 일을 그르치는 경우처럼 말입니다. 볼품없는 나무도 오랫동안 자라면 큰 대들보가 됩니다.

소중한 것은 언제나 느릿느릿 천천히 옵니다.

쉽게 얻은 것은 쉽게 싫증이 나게 마련입니다. 좋은 것은 결코 쉽게 얻을 수 없습니다. 노력하는 과정이 지루하고 힘들더라도 그 과정에서 기쁨을 얻는 것이 내게 가장 좋은 결과를 가져다 줄 수 있습니다. 우리는 살아가는 동안, 노력이라는 과정을 즐기면서 얻은 것이 얼마나 소중한 것인지 깨닫게 될 것입니다.

속성으로 재배한 열매보다 숙성시켜 자란 열매가 더 맛있습니다.

낚시꾼이 기다림 끝에 짜릿한 손맛을 느끼듯, 인생도 기다림을 제대로 알아야 삶의 참맛을 느낄 수 있습니다. 인생의 기다림이란 '시절인연'을 이해하는 것입니다. 시절인연이란 원하는 때가 아니라 내게 가장 좋을 때입니다. 내가 원하는 것은 금세 사라지지만 내게 절실히 필요한 것은 내 곁에 오래 머뭅니다. 그러니 기다림을 단조로움이 아니라 예술과 미학으로 승화시키는 지혜가 필요합니다.

오른팔을 다쳐 깁스를 한 적이 있습니다. 갑자기 예전에 가본 적 있는, 집에서 차로 한 시간 거리에 있는 경기도 포천의 비둘기낭폭포에 가보고 싶어졌습니다. 한탄강가에 있는 이 폭포는 드라마〈선덕여왕〉의 촬영지로 알려지면서 유명세를 탄 곳입니다.

당시 저는 팔을 다쳐 운전을 할 수 없는 상황이었고, 그냥 걸어가 보기로 했습니다. 다친 팔로 걸으려니 힘들고 불편했지만, 원하는 곳을 천천히 마음에 그리면서 가니 폭포의 모습이 더 절실하게 보고 싶어졌습니다. 차로 갈 때는 정말 몰랐습니다. 확실히 원하는 대상을 얼른, 차로 가서 보는 것과 가슴 설레면서 천천히 걸어가며 풍경을 바라보는 것은 큰 차이가 있었습니다. 그렇게 5시간 넘게 천천히 길을 걸어가면서 비로소 깨달았습니다. 소중한 대상은 눈으로 보는 것이 아니라 가슴에 품는 것임을. 나는 그날 비둘기낭폭포의 절경을 단순히 본 것이 아닌, 가슴에 담아온 것이었습니다.

기다림과 인내를 일상에서 훈련하기 위한 한글자로 chocolate을 제시합니다. chocolate 안에는 '늦게'라는 뜻의 late가 들어 있습니다. '마시멜로 실험'이 상징하듯, 맛있는 초콜릿은 나중에 먹어야 정말 맛있습니다. 달콤한 초콜릿을 볼 때마다 절제하는 힘을 길러보기 바랍니다.

'하로동선 夏爐冬扇'이란 말이 있습니다. '여름 화로와 겨울 부채'라는 뜻이지요. 여름 화로나 겨울 부채는 그 계절에는 쓸모없지만 결국 제 철을 만나면 큰 쓰임새를 가집니다. 이렇게 시간이 지나면 모든 사람과 사물은 제 쓸모를 얻게 됩니다. 이렇게 원하는 것을 바로 취하는 것이 아니라, 대상과 거리를 두고 대상에 대한 소중함이 마음에 스며들 때까지 기다리는 훈련을 해보세요. 자주 먹던 chocolate, 이제 다르게 보이지 않나요?

Want 원하는 것을 얻으려면
개미처럼 부지런해야 한다

근면

✿ ✿ ✿　　　'욕래조 선수목 欲來鳥 先樹木'이란 말이 있습니다. '새가 날아오기를 바라면 먼저 나무를 심어라' 라는 뜻입니다. 원하는 것이 있으면 그것을 이루기 위한 어떤 행동을 하라는 의미를 담고 있다고 할 수 있습니다. 그럼 원하는 것을 얻기 위해 가장 필요한 것이 무엇일까요? 바로 '부지런함' 입니다. 아무리 정교한 계획을 세웠더라도 꾸준히 그것을 실행하지 않으면 원하는 것을 얻을 수 없다는 것은 너무도 분명합니다. '게으른 자라도 세치 혀는 게으르지 않다' 라는 말이 있습니다. 게으른 사람은 말이 많습니다. 그러나 부지런한 사람은 말보다는 묵묵히 해야 할 일을 성실하게 해냅니다. 달팽이가 기어간 흔적처럼 오늘 하루 열심히 산 사람은 성실하게 하루를 보냈다는 마음의 흔적이 남아 있습니다. 그게 바로 '뿌듯함' 아닐까요.

부지런함이 몸에 배게 하기 위해 가장 필요한 덕목은 무엇일까요. 바로 '집중력' 입니다. 지금 만약, 깊은 강을 헤엄쳐 가야 하는 상황이라고 생각해보세요. 저기를 어떻게 건너가나 두려운 마음이 들기도 할 것입니다. 또한 막상 헤엄을 치기 시작했을 때는 강이 얼마나 깊은지 강 밑을 자꾸 바라보며 초조해하기도 할 것입니다.

그렇게 마음이 두려움과 초조함으로 가득 차 있으면 절대로 강을 건널 수 없습니다. 오직 반대편 기슭만 보고 사력을 다해 헤엄쳐 간다면 능히 강을 건널 수 있습니다. 그래서 오로지 한곳만 집중하는 집중력이 중요한 것입니다.

원하는 것을 얻고자 부지런하되, 오직 한 곳만 바라보는 집중력을 가지고 실행을 했다면 결과에 관계없이 최선의 삶을 살았다고 말할 수 있습니다. 부지런한 사람은 좌고우면左顧右眄하지 않습니다. 곁눈질하지 않는다는 말입니다. 오직 이루고자 하는 일에만 집중합니다. 60년간 목사로 사역하며 활발한 저술활동을 펴던 노먼 빈센트 필(1898-1993)은 그의 책《긍정적 사고의 힘 *Power of Positive Thinking*》에서 원하는 것을 얻는 방법에 대해 다음과 같이 말합니다.

최고의 결과를 기대한다면 온 마음을 당신이 이루고자 하는 일에 쏟아 부어야 할 것이다.(Expecting the best means that you put your whole heart into what you want to accomplish.)

부지런한 사람은 집중력이 높은 사람입니다.

인생을 바다에 비유해봅시다. 우리는 그 바다 위에서 일엽편주처럼 작은 배에 탄 사람입니다. 그 작은 배를 타고 원하는 기항지에 가려면 열심히 '노'를 저어야 합니다. 가야 할 목적지가 있기에 부지런히 노를 젓는 이유가 생기는 것입니다. 독일의 철학자 니체(1844-1900)는 '살아갈 이유를 갖고 있는 사람은 어떤 형태의 삶도 견딜 수 있다'고 했습니다. 그냥 하루하루 살아가는 것이 아니라 살아갈 이유가 분명한 사람들은 한눈팔 새가 없습니다. 부지런히 목표를 향해 자신의 길을 걸어갑니다.

또한 살아가야 할 이유가 있는 사람은 부지런합니다.

살면서 간혹 게을러지고 나태한 마음이 들 때마다 버스 첫차를 타곤 합니다. 혹시 누군가와 경쟁해야 한다면 이렇게 첫차를 타는 사람들이라고 생각하곤 했습니다. 지금 사는 곳에서 가장 가까운 정류장에서 첫차는 새벽 4시에 출발합니다. 남들 다 자는 시간에 새벽부터 움직이는 사람들을 보면 힘도 나고 더 열심히 살아야겠다는 생각이 강렬하게 듭니다. 영화 〈키다리 아저씨〉를 보면 하지원이 역을 맡은 라디오작가인 여주인공이 새벽 꽃시장에 처음 가보고서 아주 환하게 미소지으면서 이렇게 말하는 장면이 나옵니다. "새벽에 글 쓸 때면 나만 깨어 있는 줄 알았는데 다들 열심이네요." 새벽부터 일어나 가슴 벅차게 하루를 시작하는 사람이 세상에서 가장 부지런한 사람이 아닐까요?

'원하다'라는 뜻의 want에는 '개미'를 의미하는 ant가 들어 있습니다. 자기 몸집보다 큰 짐을 나르는 개미의 부지런함이 없이 어찌 원하는 것을 얻을 수 있을까요. 원하는 것을 다 얻을 수는 없습니다. 열심히 노력해도 원하는 것을 얻지 못할 수도 있습니다. 그러나 부지런히 노력하고 애썼던 흔적과 과정은 절대 사라지지 않습니다. 그것이 want 안에 ant가 들어 있는 이유가 아닐까요?

Part 자신의 역할에 최선을 다하면 삶은 예술이 된다

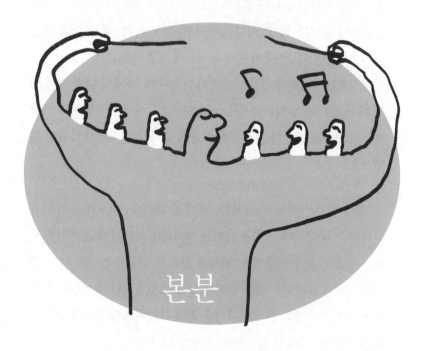

본분

❦ ❦ ❦　사람마다 제 나름의 직업이 있습니다. 교사든 군인이든 회사원이든 사회의 한 구성원으로서 공동체를 이끌어간다고 할 수 있습니다.

'본분사本分事'라는 말이 있습니다. 문자 그대로 '자신의 본분을 찾는 일'이라는 뜻이겠지요? 교사는 학생을 가르치고(그래서 '선생은 학생의 고통을 자신의 고통으로 받아들인다'는 의미에서 teacher 안에 ache가 들어 있는지 모릅니다), 군인은 국민의 재산과 생명을 지키기 위해 국방의 의무를 다하고(그래서 '군인은 국민을 위해 목숨을 바친다'는 의미에서 Soldier 안에 die가 들어 있는지 모릅니다), 회사원은 회사의 성장과 자신의 발전을 위해 업무에 충실하는 것……. 이러한 행위들을 두고 본분을 다한다고 말할 수 있을 것입니다. 특히 수행자라면 '치열한 구도를 통해 깨달음을 얻는 일'이 바로 본분사라고 할 수 있습니다.

그렇습니다. 해야 할 일을 최선을 다해서 제대로 해내는 것이 '본분사'입니다. 각각의 '직업' 속에는 또 각자의 '직분'이 있습니다. 학교에서는 선생과 학생의 직분이 있고, 군대에서는 지휘관과 병사의 직분이 있고 회사에서는 경영자와 직원의 직분이 있습니다. 하나의 조직 안에서 자신에게 주어진 직분에 최선을 다하는 것 역시 '본분사'라고 할 수 있습니다.

몇 년 전 대학동기들로 구성된 합창단에 초대받아 난생 처음 화음을 같이 맞춰가며 합창연습을 해본 적 있습니다. 앞에서 합창을 지도하는 지휘자가 단원들에게 가장 많이 하는 말이 "혼자 튀면 안 돼요!"라는 말이었습니다. 같이 호흡을 맞춰가며 노래를 하면서 불현듯 '연습'과 '공연'에 대해 생각해 보았습니다. 실제 그 합창단은 정기공연을 목전에 두고 있었습니다. 연습할 때 최상의 화음을 만들기 위해서는 조화가 중요하다는 생각이 들었습니다. 그럼과 동시에 '조화'라는 뜻의 harmony에는 '해로움을 주다'라는 뜻이 harm이 들어 있음에 생각이 미쳤습니다. 혼자만 잘하려 하거나 나 하나쯤 대충해도 되겠지 하는 생각은 조화에 해로움을 주는 태도라고 볼 수 있습니다. 자신이 가진 능력의 최선을 유지하면서도 전체적인 조화를 깨뜨리지 않는 자세가 합창단은 물론 기업이나 정부든 어느 조직에나 필요하다는 생각도 들었습니다. 개인과 조직이 이렇게 최상의 조화를 이룬다면 그 조직은 비유하자면 최고의 오케스트라가 되어 대중들에게 멋진 공연을 보여줄 수 있을 것입니다. orchestra라는 말에는 '가슴'을 뜻하는 chest가 들어 있습니다. 최상의 조화를 이룬 오케스트라가 청중들 가슴에 깊은 울림을 주는 훌륭한 공연을 보여줄 것임은 두말할 나위가 없겠죠.

저마다 서 있는 자리에서 최선을 다하는 것, 이것이 한 사회를 단단히 지탱해주고 그에 속한 일개인을 아름답게 성숙시켜 줍니다. 소크라테스가 "너 자신을 알라!"고 말한 것처럼 자기 분수를 정확히 아는 것이야말로 주어진 삶을 제대로 사는 것이라 할 수 있습니다. 내 본분을 바르게 해냈을 때, 세상은 톱니바퀴처럼 타인과 조화를 이루며 질서 있게 돌아갑니다. 그렇게 나는 사회공동체를 원활히 운영하는 데 기여하는 것입니다.

'부분'과 '역할'이라는 뜻을 지닌 part에는 '예술'을 의미하는 art 가 들어 있습니다. 자신에게 주어진 역할을 최선을 다해 이루어냈을 때, 그것이 바로 삶을 한 차원 높은 예술의 경지로 끌어올리는 계기가 되지 않을까요? 이러한 성실한 행위가 스스로를 귀한 존재로 만든다 고 생각합니다.

직업이나 직분에 귀천이나 높고 낮음은 없습니다. 다만 맡은 바 각자 할 일, 도리가 남아 있을 뿐입니다. 사람의 됨됨이는 그 사람의 '직위'로 알 수 있는 게 아니라 그 사람의 '행위'를 통해 알 수 있습니다. 아무리 높은 위치에 있더라도 그에 걸맞는 인격이 갖추어져 있지 않으면 '지탄'을 받을 것이고, 아무리 말단에 있더라도 당당하게 자신이 맡은 일에 충실하면 '찬탄'을 받을 것입니다.

bread

독서란 주린 영혼에
빵을 먹이는 일이다

독서

❀ ❀ ❀　　　책은 정신을 온전하게 합니다. 각박한 세상, 단추 떨어진 실밥처럼 정신을 이대로 폐허로 만들 수는 없습니다. 그 자리를 메워주는 것이 바로 독서입니다. 시든 영혼에 자양분을 공급해주어야 죽어 있던 감성이 되살아납니다. 메말라가는 영혼, 이로 인해 정신은 항상 공허감에서 벗어날 수 없습니다. 만약 수분이 모두 증발해버린 영혼을 저울에 단다면 그 무게는 얼마나 될까요? 지극히 가벼운 상태일 겁니다. 인생이 왠지 허전하고 삶의 방향을 잡지 못하여 방황하고 있다면 당신의 정신은 이미 부도위기에 놓여 있다고 할 수 있습니다. 피폐해진 마음, 정신을 치유하는 데는 다양한 방법이 있겠으나, 독서야말로 정신적 파산을 막는 좋은 방법이라고 할 수 있습니다.

　독서는 정신의 피돌기를 원활히 해줍니다. 독서는 정신의 실핏줄에까지 영양을 공급해줍니다. 또 독서는 책내용에 대한 공감대를 형성해줄 뿐 아니라 영혼을 일깨우는 영감의 '충돌'이기도 합니다. 저자의 영감과 독자의 영감이 부딪쳐서 불꽃이 튀는 환상의 경험을 만들어내기도 합니다. 또 독서를 통해 책이 아니면 몰랐을지 모를 삶의 진실과 깨달음을 얻을 수도 있습니다. 그럴 때마다 카프카의 말이 떠오릅니다. '책은 우리 안의 얼어붙은 바다를 깨는 도끼여야 한다.' 우리 가슴에 절절히 와 닿을 말입니다.

　좋은 책이란, 책장의 마지막 페이지가 다가오는 것을 못내 아쉬워하며 두고두고 아껴 읽고 싶은, 애정이 가는 책입니다. 그런 변치 않는 느낌을 주는 좋은 책이 바로 고전입니다. 고전은 우리 삶에 지혜를 줍니다. 좋은 책을 읽고 나면 정신의 키가 조금 커진 것 같습니다. 그러나 무엇보다 중요한 것은 좋은 책을 읽었다면 책에서 얻은 그 가치를 실행에 옮기는 것입니다. 송나라 때 유학자 정이(1033-1107)가 이렇게 말한 바 있습니다. "《논어》를 읽고 나서도 이전과 같은 사람이라면 그는 《논어》를 읽은 것이라 할 수 없다." 이는 독서가 인격의 변화로 이어져야 한다는 준엄한 전언이라고 할 수 있습니다. 그래서 문학평론가 김현(1942-1990)은 《책읽기의 괴로움》이란 책에서 삶 속에서 독서한 대로 이를 실행하기가 얼마나 어려운가, 그 고충에 대해 구구절절 토로한 바 있습니다.

책의 내용을 인용하는 삶이 아니라 책의 내용을 실행한 경험을 말하는 삶이 더 가치있는 삶입니다.

책읽기는 황무지에서 우물을 파는 행위와도 같습니다. 우물물을 얻기 위해 땅을 계속 파다보면 수맥을 만나는 것처럼 책속에서 자신의 삶을 바꾸는 운명적인 문장을 만나게 됩니다. 필자의 경우에도 세계적인 호스피스 활동가였던 엘리자베스 퀴블러 로스(1926-2004)의 《인생수업 *Life Lessons*》에서 삶의 지침이 되고도 남을 한 문장을 만났습니다.

모든 풍요로움은 우리가 가지고 있는 것을 감사하는 데서 비롯된다.
(All abundance is based on being grateful for what we have.)

이 문장을 접하며, 무언가 목표를 이루기 위해 끊임없이 질주하던 삶 속에서, 남보다 조금이라도 더 얻기 위해 아등바등하던 삶 속에서 이미 내게 주어진 것만으로도 나는 충분히 많은 것을 가지고 있음을 알게 되었습니다. 그리고 이 한 문장 덕분으로, 내게 주어진 모든 것에 감사하며 이런저런 집착을 미련없이 놓을 수 있었습니다.

'빵'이라는 의미를 가진 bread에는 '읽다'라는 뜻의 read가 들어 있습니다. 읽는 행위를 통해 영혼의 허기를 달래주는 양식을 얻을 수 있음을 bread 안에 들어 있는 read를 통해 그 의미를 알 수 있습니다. 그래서 저는 아침마다 도서관에 가서 일용할 양식을 탁발해 옵니다. 그러면 독서는 내 정신의 모든 영역으로 퍼집니다.

'퍼지다'라는 뜻의 spread에도 read가 들어 있습니다. '책 속에 진리가 있다'는 말입니다. "진정 책 속에 진리가 있다는 말을 믿어도 괜찮은가?" 라는 질문에 '책'을 뜻하는 한글자 book이 스스로 답을 합니다. "괜찮다!" 라고. 놀랍게도 book에는 ok가 들어 있습니다. 이게 다 우연일까요?

lonely

홀로 있어도 하나가 되려는
마음을 가지면 외롭지 않다

외로움

✿✿✿ 사람들은 혼자 있는 것에 익숙하지 않습니다. 혼자 있으면 실 끊긴 풍선처럼 세상에 홀로 남겨져 있다고 생각합니다. 혼자 있을 때도 자유롭고 행복하지 못한 사람은 사람들과 같이 있어도 외로워하는 건 마찬가지입니다.

소설가 김훈은 그의 산문집에서 "고립을 두려워 마라"고 말한 바 있습니다. 혼자 있을 때 자기 자신에 온전히 집중할 수 있기 때문입니다. 사람들은 혼자 있을 때 자기 자신과 정면으로 대면하길 두려워하기에 그토록 타인들 속에 숨으려 하는 것입니다. 홀로 있음을 즐기세요. 홀로 있을 때만이 자신의 내면에 어떤 보석이 숨어 있는지 찾을 수 있습니다.

홀로 있을 때가 자신의 존엄을 찾을 수 있는 가장 좋은 시간입니다.

겨울에 잎이 다 떨어진 나무를 보면 외로워 보일지도 모릅니다. 하지만 홀로 있는 그 시간을 버텨내야 새순을 틔우고 꽃을 피워 봄의 풍성함을 보여줄 수 있습니다.

홀로 있는 것은 외로움을 견디는 시간이 아니라 자신을 한없이 맑고 투명하게 만드는 과정입니다. 자주 혼자 산 위에 올라 구름 한 점 없는 창공을 바라보거나 맑은 계곡물을 굽어보기도 합니다. 그럴 때마다 마음이 청아해지면서 한없이 정화됨을 느낄 수 있습니다. 여럿

이 있을 때는 알지 못하는, 홀로 있을 때 가능한 마음입니다.

사람들과 떨어져 홀로 있다고 해서 그 사람들과 멀리 있다고 생각지 마세요. 바다에 떠 있는 섬을 보세요. 서로 떨어져 있는 것 같지만 바다 속 깊은 곳에서는 서로 연결되어 있습니다. 비록 지금은 멀리 떨어져 있어도 마음은 언제나 하나로 연결되어 있음을 헤아린다면 그렇게 외롭거나 쓸쓸하지만은 않을 것입니다.

섬과 섬은 바다 속에서 연결되어 있지만, 망망대해에서 다리로 연결되어 있는 곳도 많아 그곳에 즐겨 가보았습니다. 문득 '영혼도 위로가 필요하다'는 생각이 들 때면 홀로 섬을 찾곤 했습니다. 섬 중에서도 배를 타고 들어가 또 다른 섬으로 연결되는 연도교가 있는 섬을 무작정 찾아간 적이 많았습니다. 제일 처음 찾아간 곳이 전남 완도군에 있는 금일도였습니다. 여기서 다시 배를 타고 들어가 금일도와 소랑도를 잇는 '소랑대교'에 서 보았습니다. 이러한 신선한 경험은 그 후로도 계속되었는데, 다녀보니 보길도와 노화도도 다리로 연결되어 있고, 군산 선유도와 장자도도 다리로 연결되어 있더군요. 그 중에 상조도와 하조도를 연결한 조도대교는 절경 중의 절경이었습니다. 드넓은 바다에 떠 있는 두 섬은 '바다 위 오작교'로 인해 더 이상 외로워 보이지 않았습니다.

연도교를 거닐 때마다 갑자기 불어오는 해풍은 혼란스러웠던 정신을 일깨워주곤 했습니다. 아직도, 당시 해풍을 맞으며 순간적으로 떠올랐던 생각의 편린들이 가슴 한 켠에 또렷이 부조되어 있습니다. 망망대해에서 연약하지만 견고한 탯줄처럼 섬과 섬을 연결해주는 연도교 한가운데 서서, 아무리 거센 태풍이 몰아쳐도 끝끝내 서로 붙들고 놓아주지 않는 자연의 원초적 강인함에 탄복했습니다. 이렇게 위대한 자연의 섭리를 접할 때마다 일상생활에서 그렇게 복잡하게 느껴졌던 인간관계를 어떻게 유지해야 할지 그 실마리를 얻곤 했습니다.

홀로 있어도 자유롭고 행복한 마음을 가질 수 있음을 일깨워주는 한글자는 lonely입니다. '외로운'이란 뜻의 lonely에는 '하나'를 의미하는 one이 들어 있습니다. 홀로 외롭게 떨어져 있어도 항상 소중한 사람들과 하나라는 생각을 하면 쉽사리 외로움에 물들진 않겠지요. 혼자 있을 때마다 강렬히 무언가를 원하는 욕망을 버리고 마음을 비우는 수행을 해보세요. 반복해서 하다보면 항상 누군가와 함께 있어야 한다는 집착에 빠지지 않게 됩니다. 그래서 '수행자의 양식은 사무치는 외로움'이라는 말이 있는 것입니다. 홀로 있어도 외롭지 않을 때 나의 내공은 보이지 않게 쌓여가고 있는 겁니다. 장미는 산속에 홀로 피어도 향기롭습니다. 나를 향기롭게 만드는 것은 홀로 있을 때 가능합니다. 그러고 보니 '혼자'라는 뜻의 alone에도 one이 들어 있네요. 혼자는 결코 혼자가 아님을 가슴에 꼭 새기라는 의미겠지요.

Spray
기도란 메마른 영혼에
성수를 뿌리는 일이다

기도

성경에 '쉬지 말고 기도하라'라는 말이 있습니다. 이슬람 신자들은 어떤 일이 있더라도 하루 다섯 번 꼭 기도를 한다고 합니다. 기도가 우리 삶에 꼭 필요하기 때문일 겁니다. 매일 새벽 하루를 시작하기 전에 기도하는 삶은 그렇지 않은 삶에 비해 하루를 더 가치 있게 살 수 있습니다. 전날의 일상 그리고 지금까지의 삶을 총체적으로 살펴보고 기도하며 새로운 하루를 시작하는 사람은 그렇지 않은 사람과는 전혀 다른 인생경로를 걸어가겠지요. 그래서 어둠이 가실 때까지 간절한 마음을 담아, 자신을 한없이 낮추고 경건하고 청정한 마음으로 기도하는 것입니다.

새벽마다 하는 기도는 삶의 선순환을 만들어냅니다.
새벽마다 기도하면 기도한 대로 하루를 살 수 있습니다.

여러분은 온 마음을 담아 기도해본 적이 있나요? 저절로 뜨거운 눈물이 나며 마음이 정화된 적이 있나요? 참된 기도는 무엇을 해달라는 기도가 아니라 마음을 비우고 '감사와 참회'로 채우는 것입니다. 기도로 자신을 낮추고 또 낮춰서 한없이 낮아지면 그 간절함과 지극함이 하늘에 닿게 됩니다. 그런 정화된 마음이라면 세상에 무슨 일을 이루지 못할 것이며 세상 누구에게 오만하게 굴 수 있을까요?

기도는 원하는 것을 얻게 해달라고 비는 것이 아니라 끝없는 수양을 통해 이전과는 다른 존재가 되겠노라 자신에게 하는 서약입니다.

그렇게 변화된 존재로 소망하는 것을 이루겠노라 마음에 새기는 다짐입니다. 또한 세상은 모두 하나로 연결되어 있으니 내게도 이롭고 세상에도 이로운 일을 하겠노라 염원하는 것이 바로 기도입니다.

후줄근한 외투처럼 왜소한 나를 마다않고 받아준 옷걸이 같은 사람들이 있기에 내가 존재합니다. 그 사람들에게 감사의 마음을 내는 것 또한 기도입니다. 이렇게 나와 남을 위해 진정한 마음을 담아 기도하면 반드시 길이 열립니다. 그러니 채우려만 하지 말고 한없이 비우는 기도를 하세요.

채우려는 기도는 이루어지지 않습니다. 비우려는 기도만이 이루어집니다.

부산에서 강원도 고성까지 걸은 적이 있습니다. 걷다가 지칠 때, 중도에 그만두고 싶은 마음이 들 때, 새벽 일출을 보고 벅찬 마음이 들었을 때 바닷가 작은 마을에 있는 교회나 바다가 보이는 작은 절에 들어가 간절히 기도한 적이 있습니다. 바다 옆에 있는 기도처에서 기도를 하다보니 바다만큼 넓은 자비심으로 세상을 살아가고 싶다는 생각이 들어 마음속에 '원'을 세우고 기도했던 적이 있습니다.

'뿌리다'라는 뜻의 spray에는 '기도하다'라는 의미를 가진 pray가 들어 있습니다. 그렇습니다. 기도는 내 마음에 성수를 뿌려 마음을 정화시켜 믿음을 더욱 굳건히 하는 행위입니다. 기도는 또한 기도하는 동안 마음속에 그윽한 향기를 품고 있다가 다른 사람에게 그 향내를 전해주는 일이기도 합니다. 결국 기도는 '자리이타自利利他' 즉 나를 이롭게 하고 남을 또한 이롭게 하겠다는 마음을 내는 일입니다. 그러면 여러분 마음에 한줄기 빛이 화답해줄 겁니다. 청정한 마음으로 기도하다보면 원하는 바, 회구한 대로 한줄기 빛이 여러분 마음에 아로새겨질 것입니다. '기도하다'라는 뜻의 pray에는 '빛' '광선'이라는 의미의 ray도 들어 있습니다.

기도는 일이 무작정 이루어지길 비는 행위가 아니라, 아무리 힘들어도 일을 뜻하는 바대로 이루겠노라 마음속 원을 내는 행위입니다. 그 간절한 마음이 기도로 통하면 '한줄기 빛' 소망하던 길이 열리게 될 것입니다.

hundred

100세까지 살려면 건강에
적신호가 켜지는 일을 하지 마라

❦ ❦ ❦ 의학의 발달로 이제는 100세까지 사는 시대라 합
니다. 그래서 100세 시대에 어떻게 건강하게 살아야 할지 다룬 린다
그래튼(1955-)의《100세의 삶 The 100-Year Life》이라는 책이 좋은 반응
을 얻고 있는지 모르겠습니다. 그런데 자신의 건강을 해치는 삶을 살
아서는 100세 시대는 어림없는 말입니다. 질병 중에서 제일 무서운
병인 '암癌'의 한자가 뜻하는 것은 입(口)이 세 개나 있어도 부족할 정
도로 산山처럼 먹고 마셔서 결국은 병病에 걸린다는 의미입니다. 먹을
것이 풍요로운 시대라 하여도 몸과 마음을 함부로 다루어서는 건강
하게 오래 살 수는 없을 것입니다.

'재산을 잃은 것은 인생을 조금 잃는 것이고, 명예를 잃은 것은 반
을 잃는 것이며, 건강을 잃으면 전부를 잃는 것'이라는 말이 있습니다.
삶의 질이 높아진 이 시대에 건강하게 오래 살 수 있는 방법을 깊이 생
각하지 않을 수 없습니다.

어떻게 해야 건강을 유지하며 100세까지 살 수 있을까요? 우선 '스
트레스'를 받지 말아야 합니다. 스트레스는 만병의 근원입니다. 마음
을 어떻게 쓰느냐에 따라서 스트레스를 받을 수도 안 받을 수도 있습
니다. 매사를 긍정적으로 바라보면서 내게 스트레스를 주는 대상을 너
그러운 마음으로 이해한다면 스트레스가 생길 일은 없겠지요. 설령 스
트레스를 받았다고 해도 마음에 그 앙금이 오래 남아 있진 않습니다.

그래서 스트레스를 줄이려면 하루를 시작하기 전, 아무리 바쁘더

라도 명상을 할 필요가 있습니다. 명상을 통해 마음을 평화롭게 하고 타인에게 덕을 베풀고 봉사하다보면 기쁨을 주는 '엔돌핀'과 행복을 주는 '세라토닌'이 분비되며 몸 안의 면역력을 높여줍니다. 이것이 몸을 건강하게 유지하는 비결입니다. '평정심'과 '봉사'야말로 스트 레스를 없애주는 보약이나 다름없습니다.

다음으로는 건강한 '식생활'을 유지해야 합니다. 지나친 욕심으로 음식을 과도하게 섭취하는 것은 건강에 이롭지 않습니다. 또한 매일 홍수처럼 쏟아져 나오는 음식정보에 민감한 반응을 보이며 과식하 는 것도 문제입니다. 천천히 음식맛을 음미하며 먹기만 해도 불필요 한 체중이 빠진다고 합니다. 아무리 좋은 음식도 마음에 내키지 않는 것을 억지로 섭취할 필요는 없습니다. 몸이 부르는, 마음이 동하는 음 식을 즐겁게 섭취할 수 있을 때 그것이 실로 몸에 이롭다는 사실, 잊지 마시기 바랍니다. 그런 단순진리를 몸소 실천했던 미국의 경제학자 스콧 니어링(1883-1983)은 철저히 채식으로 일관하며 100세까지 건강 을 유지하며 살 수 있었습니다. 그리고 100세 되던 해, 스스로 곡기를 끊고 웰 다잉well-dying을 할 수 있었습니다.

마지막으로 적절한 운동이 건강한 삶을 유지시켜 줍니다. '적게 먹고 많이 운동하라(Eat less, exercise more)'라는 말이 있습니다. 나이 들면 소식을 하고 걷기 등 적절한 운동을 하면 꾸준히 건강을 유지하 며 장수할 수 있습니다. 몸을 쓰면 쓸수록 강한 정신력이 나온다고 합니다.

운동은 몸만 건강하게 해주는 것이 아니라 우리의 정신 까지도 고양시켜 줍니다.

이제 곧 100세에 이르는 철학자 김형석 연세대 명예교수가 지금도 여전히 책을 내며 건강한 삶을 사는 이유는 매일 50분 이상 걷고 일주일에 두세 번 수영을 하기 때문이라고 합니다. 필자가 나가는 산악회의 한 회원은 지금 60대 초반인데 팔순잔치를 설악산 대청봉에서 하는 게 목표라고 합니다. 꾸준히 산행을 하는 것을 보면 가능할 것 같습니다. 일본의 100세 시인이었던 시바타 도요도 꾸준한 건강관리로 92세부터 시를 쓸 수 있었습니다. 그녀의 시 〈비밀〉은 지금도 제 가슴에 큰 울림을 줍니다.

아흔 여덟에도
사랑은 하는 거야
꿈도 많아
구름도 타보고 싶은 걸

제 건강유지법은 매일 108배를 하는 것입니다. 108배는 종교에 관계없이 누구나 할 수 있습니다. 108배를 하면 전신운동이 되고, 자신을 낮추니 일상에서 사람들과 부딪칠 일이 별로 없으며 108배 자체가 마음수양이기에 매끼의 식사가 과식으로 이어지지 않습니다. 그러니 제게 108배는 운동효과도 있으면서 스트레스를 줄여주는 최고의 건강유지법이 아닐 수 없습니다.

'100'을 뜻하는 'hundred'에는 '적색'을 의미하는 red가 들어 있습니다. 100세까지 육체적으로 정신적으로 건강하게 살려면 건강에 적신호가 들어오는 일을 하지 말아야 합니다. 스트레스, 과식, 게으름 등이 건강의 적신호입니다. 마음을 편히 가지고 적게 먹고 많이 움직이는 것이 건강하게 오래 사는 유일한 길입니다.

goal

목표를 향해 묵묵히 나아가라

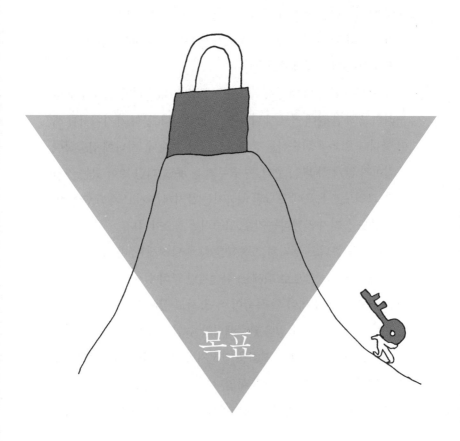

목표

✹ ✹ ✹ 　　미래는 한꺼번에 오지 않고 하루하루씩 옵니다. 그러니 서두르지 말고, 너무 조급하게 이루려 하지 말고 하루씩 이루어가세요. 하루씩 가다보면 실로 믿기지 않을 정도의 엄청난 일을 이루어왔음을 실감할 날이 올 겁니다. '장애물이란 당신이 목표에서 눈을 돌릴 때 나타나는 것이다. 목표에 눈을 고정하고 있다면 장애물은 보이지 않는다' 란 말이 있습니다. 목표를 이루기 위해 시선을 오직 한 곳에 집중하는 것은 정말 중요합니다.

하고 싶은 일을 다 하면서 목표를 이룰 수는 없습니다. 이것저것 다 누리려고 하면 절대 목표에 다가갈 수 없습니다. 일의 가지치기를 해야 합니다. 일의 우선순위를 정해야 합니다. 그래서 '하나에 집중하여 움직이지 않게 하라' 는 뜻의 '주일무적主一無適'이란 말이 있는 것입니다. 그러므로 목표에 도달할 때까지는 물지게를 지고 가되 단 한 방울의 물도 흘리지 않겠다는 각오, 집중력이 필요합니다.

마라톤을 한다고 생각하고 목표를 향해 달리세요. 반드시 결승선을 통과하겠다는 각오로 뛰세요. 힘들지만 끝이 있으니 달릴 만하잖아요. 그리고 매일 해야 할 목록이 아닌, 하고 싶은 일의 목록을 정하는 것도 묵묵히, 즐겁게 일을 완수해나갈 수 있는 방법입니다.

목표 없이 사는 인생은 일회용 건전지와 같은 삶입니다. 하루하루를 그냥 흘려보내는 소모적인 삶입니다. 꽃은 꽃피우길 소홀히 하지 않았기에 아름다운 꽃향기를 자연만물에 전해줍니다. 물은 흘러가길 게을리 하지 않아 결국 바다로 흘러흘러 그 무한한 넓음으로 우리네 가슴을 한없이 안아줍니다.

묵묵히 자기 할 일을 하면 목표는 달성됩니다.

'Aim high'라는 말이 있습니다. 목표를 높게 잡으면 삶에 대한 나의 태도가 바뀝니다. 그 높은 목표를 이루기 위해 자신의 삶을 전반적으로 바꾸게 됩니다. 그렇게 큰 목표를 잡고 세세한 작은 목표를 하나씩 이루어 가다보면 어느덧 큰 목표가 눈앞에 와 있음을 알 수 있을 겁니다. 그래서 목표는 구체적이고 명확해야 합니다.

세상에서 가장 분명하게 목표를 달성하는 방법은 거북이처럼 느릿느릿 가면서도 꿈을 잃지 않는 것입니다. 그렇게 조심스럽게 묵묵히 걷다보면 결국 정상에 도달할 수 있습니다. 나비가 되려는 꿈이 있는 누에는 지치지 않습니다. 목표를 향해, 낙숫물이 바위를 뚫듯 꾸준히, 묵묵히 하는 것이 좋습니다. 자신의 땀으로 바위를 뚫겠다는 각오로 말입니다.

그러나 목표를 향해 가다가 길을 잃을 수도 있습니다. 포기하고픈 마음이 들 수도 있습니다. 그럴 때마다 출발점과 목표 사이에 여전히 나 자신이 놓여 있음을 알아야 합니다. 그리고 다시 예전의 출발점을 떠올려보세요. 처음 지점보다 훨씬 목표에 많이 다가와 있음을 느낄 수 있을 겁니다. 스스로를 위로하면서 마음을 추스렸다면 다시 목표를 향해 나아가야 합니다. 이번에는 좀더 비장한 마음으로 목표를 달성하겠다는 의지를 전각처럼 마음에 새기길 바랍니다.

그런데 여기서도 중요한 점은 단지 성공을 위한 목표달성에 집착해선 안 된다는 점입니다. 곁눈질하지 않고 하나의 목표를 향해 성실히 이행해나가는 그 과정 속에 성공이 있음을 깨달아야 합니다. 목표달성에 지나치게 목매다보면 그 중압감으로 인해 스스로를 괴롭힐 수도 있습니다. 가야금 줄도 약간 느슨하거나 조금만 팽팽해져도 소리가 제대로 나지 않듯 목표를 향해 가는 여정에서 이탈하지 않도록 앞뒤를 살피며 꾸준히 자신을 연마해야 합니다.

아기가 걸음마를 떼듯 한 걸음 한 걸음 조심스럽게 목표를 향해 정진해가는 모습은 하나의 발자국을 남기는 점의 형상을 하고 있습니다. 뭐든 첫 발을 떼면서 일이 시작되듯 무수한 발자국, 점들이 이어지면서 정상까지 이어지는 하나의 선이 형성됩니다. 그렇게 각각의 발걸음은 독립적으로 존재하다가 사라지는 게 아니라 서로 연결되어 있습니다.

그래서 목표를 향해 갈 때 마음속에 긍정의 동기부여가 필요합니다. 목표를 향해 가는 길이 '가치 있는 일'이라 생각한다면 그러한 긍정의 마음이 줄곧 이어지면서 하나의 '선' 상태로 연결됩니다. 다시 말하자면 내 모든 한 걸음 한 걸음이 단순한 점이 아닌, 하나의 선으로 연결되어 의미가 생기는 것입니다. 그러니 지금 당장 하나의 일을 끝냈다고 그 일로 모든 것이 끝난 듯 혹은 완성된 듯 마침표를 찍지 말기 바랍니다. 그 마침점이 다시 출발기점이 되어 하나의 큰 목표를 향해 나아가는 연결선이 되도록 각오를 새롭게 다져야 합니다.

마흔이 되면서 매년 하나씩 달성할 목표를 정했습니다. 어느 해는 전국의 공공도서관을 다 가보고 싶다는 마음이 들어 경남 진영도서관이나 강원 정선도서관 등 시골의 도서관부터 제주도 동녘도서관이나 욕지도 도서관 등 섬에 있는 도서관에 이르기까지 수많은 도서관을 가보았습니다. 도서관순례는 지금도 계속되고 있습니다.

또 전국에 있는 향교를 다 가보겠다는 생각으로 231개 향교를 모두 다녀본 기억도 있습니다. 그 중 강원 양양향교와 평택 진위향교 그리고 대전 진잠향교가 아직도 뇌리에 남는 가장 인상적인 곳들이었습니다.

어떤 한 해에는 전국의 미술관을 모두 돌아보겠다는 목표를 세우고 실행에 옮겨보았습니다. 북한강가 가일미술관, 양구의 박수근미술관, 광주의 의재미술관, 포항시립미술관, 양평군립미술관 등이 그 중 기억에 남는 곳들입니다. 미술관은 고래뱃속과 같아 그 조용한 공간 속에서 마냥 작품감상에 빠져들 수 있어 좋았습니다.

또 어느 해에는 전국의 저수지를 모두 돌아보겠다는 일념에 사로잡히기도 했습니다. 낚시는 전혀 안 하지만 저수지라는 공간이 주는 의미가 남다르게 제게 다가왔기 때문입니다. 저수지는 대개 산 밑에 있는 경우가 많아 저수지 제방을 경계선으로 제방 안쪽은 자연을, 제방 아래쪽은 세속을 상징한다고 생각했습니다. 그래서 저수지 제방 길을 걸을 때마다 '성과 속'의 경계선을 걷는다는 기분이 들기도 했습니다. 경기 가평의 '소법저수지' 강원 횡성의 '하궁저수지' 경북 영덕의 '백청저수지' 충북 조치원의 '고복저수지' 전북 진안의 '탑영저수지' 등의 제방길을 걸었던 기억이 지금도 눈에 선하게 떠오릅니다. 또한 동해안 770km 해안길을 걸어보겠다는 목표를 정하고 실행에 옮긴 적도 있습니다. 어떤 길은 1년 안에 돌았고 어떤 길은 몇 년이 걸린 경우도 있었습니다. 이렇게 목표를 정해 두고 길을 떠나 하나씩 하나씩 원하는 목적지에 도달해갈 때의 그 성취감을 뭐라 표현할 수 있을까요. 이러한 저만의 방식에 의한 국토순례는 말로는 형용할 수 없는 기쁨을 제게 안겨 주었습니다.

'목표'를 뜻하는 영어단어 'goal'에는 'go'가 들어 있습니다. 목표(goal)한 길을 가는 데 넘어지고, 미끄러져도 넘어진 자리에서 다시 일어나 묵묵히, 또 묵묵히 가면(go) 반드시 목표를 이룰 것입니다. 이제 항상 가슴속에 새기세요. goal 안에는 go가 있다는 것을!

Seat

자리에 안주하지 말고
거친 바다로 가라

❀ ❀ ❀　　'모험의 시험을 통과하지 않고서는 당신이 누구인지 알 수 없다.'《해리 포터》의 작가 조앤 롤링의 말입니다. 일상에 안주해 있는 자신이 아닌, 모험을 겪으면서 자신의 실체를 똑바로 대면할 수 있어야 비로소 진정한 '자아'를 발견할 수 있다는 말입니다.

사람은 누구나 편안한 삶을 원합니다. 하지만 안정된 삶에 길들여지면 더 이상의 발전은 기대하기 어렵습니다. 그렇게 편안함에 안주해 있다가는 자신에게 예고되는 위험의 신호탄, 즉 '위기의 잉태순간'을 포착하지 못하고 말 겁니다. 결국 안일했던 자신의 삶에 때늦은 후회를 하게 되겠지요. 고여 있는 물은 썩게 마련입니다.

편안한 삶을 박차고 나와 이상을 좇아 새로운 삶 속으로 뛰어든 사람은 지금보다 나은 발전된 모습의 자신과 만나게 될 것입니다. 현재의 삶에 안주하는 것은 스스로를 초침이 멎은 고장난 시계로 만드는 것과 같습니다. 내 삶을 모험 속에 내던지는 것은 움직이는 시계추처럼 심장을 박동케 하는 일입니다. 맹자(BC 372-BC 289)는 이런 말을 했습니다. '생어우환 사어안락生於憂患 死於安樂'. '지금 어렵고 근심스러운 것이 나를 살리는 길로 인도할 것이요, 지금 편안하고 즐거운 것이 나를 죽음의 길로 인도할 것이다'라는 뜻이겠지요. 모험으로 가는 길은 힘들고 불편한 것들로 가득 차 있지만 그 길이야말로 나를 진정 살리는 길입니다.

지금의 자리에 안주하면 삶이 부패합니다.

그 반면 모험을 통해 우리는 '자신감'이라는 내면의 결실을 얻습니다. 언젠가 신문에서 한 대학총장의 인터뷰 기사를 읽다가 무릎을 탁, 하고 친 적 있습니다. 그 대학의 목표는 학생들을 '모범생'이 아닌 '모험생'으로 만드는 것이라 했기 때문입니다. 그 대학총장은 끊임없이 새로운 것에 도전하는 모험심을 가지라고, 학생을 지원하고 독려했다고 합니다. 이러한 배경에는 학생들이 졸업하고 앞으로 사회에 나가 자신감 있게 진취적으로 자신의 삶을 개척해나가길 바라는 마음이 있었던 것입니다.

우리가 '내 안'에 갇혀 있을 때는 절대 알 수 없고 얻을 수 없는 것들이 있습니다. 하지만 모험은 '안'에서 나와 '저 너머'로 가는 길입니다. 저 너머에 있는 미지의 것들에 대한 동경과 설렘이 끊임없이 모험대상을 찾게 만드는 요소입니다. 미지의 것은 두려움의 대상이 아니라 오히려 아직 경험해보지 못한 세계, 호기심의 대상이 됩니다. 행한 일에 대한 후회보다는 하지 않은 일에 대한 후회가 더 큽니다. 삶을 통째로 뒤흔드는 깨달음은 오로지 모험을 통해서만 가능합니다. 편안한 삶은 '지루함'을 주지만, 모험은 '짜릿함'을 안겨줍니다. 그러니 일상의 지루함에서 잠시 벗어나 단 한 번도 경험해보지 못한 모험의 세계로 길을 떠나보는 것은 어떨까요. 더 늦기 전에 짜릿한 모험의 삶을 즐겨보길 바랍니다.

모험은 두려움의 대상이 아니라 설렘의 대상이 되어야 합니다.

'좌석'이라는 뜻의 seat에는 '바다'를 뜻하는 sea가 들어 있습니다. 좌석에 앉아 있으면 편안합니다. 좌석은 지금 자리에 안주하고 싶은 마음을 의미합니다. 거친 풍랑이 이는 바다는 '새로운 도전'을 상징합니다.

또한 '고요한 바다는 훌륭한 어부를 만들지 못한다'라는 말이 있습니다. 배는 항구에 정박해 있으라고 존재하는 것이 아닙니다. 지금 자리(seat)에 안주하지 않고 거센 바람과 파도가 있는 바다(sea)로 나가야 새로운 삶과 조우하며 원하는 바를 얻을 수 있습니다. 소설《모비 딕》의 주인공 이스마엘이 고래를 잡으러 거친 바다로 나가 인생의 의미를 찾은 것처럼 모험은 삶을 무한대로 확장시켜 줍니다.

house 집을 수행처로 삼아라

집

❦ ❦ ❦   프란치스코 교황이 2015년 9월 미국을 방문, 필라델피아에서 있었던 '세계 천주교 성가정대회'에 참석한 미사에서 이렇게 말했습니다.

완벽한 가정이란 존재하지 않습니다. 그 때문에 낙담할 필요는 없습니다. 오히려 반대입니다. 불완전한 가정 안에서 사랑이 태어나고 계속 자라나는 것입니다. 사랑은 배워가는 것이고 살아가는 것입니다.

혼히 '집 만한 곳은 없다(There is no place like home)'라고 합니다. 지치고 힘든 몸을 쉴 수 있는 곳은 집밖에 없다는 뜻이겠지요. 이 말엔, 다른 사람은 모두 나를 외면해도 끝까지 나를 이해해주고 받아주는 곳은 오직 내 집이라는 생각이 이면에 깔려 있습니다. 하지만 현실은 어떨까요? 오히려 집이 지옥처럼 느껴져 밖으로 뛰쳐나가고 싶다는 사람도 더러 있는 게 사실입니다. 가족끼리 서로 극도로 미워하는 것 자체가 죄를 짓는 것과 매한가지이니 그런 사람들에게는 집이 도리어 죄인을 수감하는 감옥처럼 느껴질 수도 있겠습니다.

가장 사랑하는 사람에게 상처를 받을 경우 더 아프고 더 서럽듯이 어떨 때는 타인보다 사랑하는 사람에게서 받은 고통으로 인해 더 깊은 수렁에 빠져들기도 합니다. 그래서 톨스토이는 "모든 행복한 가정은 모습이 비슷하지만 불행한 가정들은 각기 자기의 독특한 방식으로 불행하다"고 그의 작품 《안나 카레니나》 첫머리에서 말했는지도 모릅니다.

가족 간의 문제가 생기는 이유는 서로를 잘 모르기 때문이라는 것입니다. 2015년 많은 인기를 끌었던 tvN 드라마 〈응답하라 1988〉에도 다음과 같은 대사가 나옵니다.

어쩌면 가족이 제일 모른다.

가족이니까 더 잘 알 것 같지만 오히려 서로를 잘 모를 수도 있다는 슬픈 현실……. 친구에게 편하게 털어놓는 이야기도 가족에게는 되레 말을 안 하는 경우가 많습니다. 집 안에서 가족끼리 갈등이 생기는 또 다른 이유는 서로에 대한 기대가 너무 크기 때문이기도 합니다. 서로에게 진정 필요한 것은 현실에서 별로 해준 것도 없으면서 부모의 역할, 자식의 역할 등 역할에 대한 기대감만 심어주기에 그 버거움으로 인해 어깨가 한없이 무거워지기도 합니다. 집에서는 내 행동의 일거수일투족이 모두 보이니 비난의 대상이 되기 십상입니다. 서로의 내면에 대해서는 잘 모르면서도 상대적으로 기대는 커져만 가고, 마음에 안 드는 나의 행동이 집 안에서 모두 드러나다 보니 가족과의 갈등이 빚어질 수밖에 없겠지요.

"그대의 집은 꿈꾸지 않는가?" 라며 레바논 출신 시인 칼릴 지브란(1883-1931)이 물은 적 있습니다. 집이란 곳은 가족구성원 개개인의 욕망이 충족되는 곳이 아니라 불꽃 튀는 갈등을 해결하는 수행공간이

되어야 합니다. 가족구성원 중의 한 사람이라도 집을 수행처로 생각
하고 스스로를 변화시킨다면 그 집은 그 한 사람으로 인해 나머지 사
람들 또한 모두 변화할 수 있습니다. 집이 바로 불타는 집, 즉 화택火宅
이 아니라 바로 극락정토極樂淨土가 될 것입니다.

가족에게 최선을 다하는 것이 수행입니다.

집을 뜻하는 'house'에는 use가 들어 있습니다. 집을 수행하는 공
간으로 사용하라는 뜻이겠지요. 따로 수행처에 가서 수행할 게 없다
는 말입니다. 집이 곧 예배당禮拜堂이고 선방禪房입니다. 마치 달팽이
가 집을 이고 다니듯이 집이 바로 수행처입니다. 집에서의 수행의 힘
으로 밖에서 세상을 제대로 살아갈 수 있는 것입니다. 갈등과 미움을
뒤로 한 안락은 여리박빙如履薄氷, 즉 살얼음을 걷는 것과 다를 바 없
습니다. 집을 수행처로 만들어 가족구성원 모두가 '진정한 안락'을
얻는 것이 집의 진정한 존재 이유입니다.

habit 습관은 작은 것부터
몸에 익혀라

❦ ❦ ❦   우리의 삶은 습관이 펼쳐지는 공간이라고 할 수 있습니다. 오랫동안 쌓아온 습관이 자신의 삶을 이끌어갑니다. 하지만 습관적으로 행동하는 나는 허깨비일 뿐입니다. 의미없이 반복되는 행동만을 하니 새로움이 없는 것이죠. 마치 하나의 필름으로 똑같은 사진을 여러 개 현상하는 것과 같습니다. 그래서 사람들은 자신의 습관을 바꾸어 새로운 삶을 살길 꿈꿉니다.

우리의 습관은 크게 세 가지 영역에서 이루어집니다. 과식을 하거나 과음을 하는 등 몸으로 하는 습관, 거짓말을 하거나 이간질을 하는 등 말로 하는 습관, 부정적인 사고를 하거나 어리석은 망상을 하는 등 생각으로 하는 습관이 바로 그것입니다. 평소에는 원만했던 사람이 술만 마시면 주정을 하거나 행패를 부리는 경우가 있습니다. 습관이 무의식의 영역에서 작동되는 것이라고 볼 수 있습니다.

한번은 드라마의 본방송을 보면서 IPTV라고 착각하고 재미없다고 생각되는 장면들을 지나치려고 무의식적으로 리모콘의 빨리가기 버튼을 누른 적이 있습니다. IPTV는 지난 방송을 볼 수 있는 시스템이어서 비디오처럼 리모콘 작동으로 빨리가기 기능이 가능합니다. 이때 습관이 참 무섭구나 하는 생각이 들었습니다.

《어린 왕자》의 작가 생텍쥐페리(1900-1944)는 "하나의 새로운 습관이 우리가 알지 못하는 우리 내부의 낯선 것을 일깨울 수 있다"고 말한 바 있습니다. 우리의 삶을 부정적인 방향으로 이끄는 습관이 아니라, 삶을 좀 더 밝고 활기차게 만들어주는 습관을 통해 예전에 미처 몰랐던 자신의 잠재능력을 확인할 수 있습니다.

안 좋은 습관은 만들지 않는 게 좋고, 이미 만들어진 습관은 고치면 되고, 새로운 좋은 습관은 만들면 됩니다.

좋은 습관을 들이든, 나쁜 습관을 버리든 이 모든 것은 작은 것부터 시작하면 됩니다. 그래서 '습관'을 뜻하는 habit에는 '작은 것'이라는 의미의 bit이 들어 있음을 상기하길 바랍니다. 그렇습니다. 습관은 작은 것부터 고치거나, 작은 것부터 몸에 배도록 노력하세요. inhabit이란 말은 '거주시키다'라는 말입니다. 결국 습관(habit)은 작은 것(bit)을 고쳐서 좋은 행위가 몸에 배도록(inhabit) 하는 일입니다.

좋은 습관을 몸에 배게 하는 것은 작은 돌을 연못에 던지는 행위와 같습니다. 연못에 돌을 던지면 파문이 점점 번져갑니다. 작은 습관이 점점, 또 다른 습관을 바꾼다는 뜻입니다. 또 연못에 던져진 돌은 점점 깊숙이 바닥으로 내려갑니다. 돌이 물 아래로 깊이 들어가면서 파문 또한 점점 커져갑니다. 그것은 비록 작지만, 좋은 습관들의 변화를 통해 인격이 깊어진다는 뜻이고 그 인격의 깊이로 많은 사람들에게 큰 영향력을 발휘한다는 의미입니다. 습관은 결국 인격을 만들어내는 과정입니다. 그래서 조선후기 실학자인 연암 박지원(1737-1805)이 "습관이 오래되면 성품이 된다"고 말했던 것입니다.

사람은 결심에 의해 바뀌는 것이 아니라 매일 매일의 작은 습관에 의해 바뀌는 것입니다.

'하기로 한 것은 그냥 한다!'고 마음먹고 실행에 옮기다보면 새로운 좋은 습관을 만들 수 있습니다. 담배를 피든 늦잠을 자든 현재의 모든 부정적인 습관은 원래는 없었던 것입니다. 어떤 시점부터 습관이 시작된 것입니다. 다시 말해 형성된 버릇이란 말입니다. 형성된 것이시만 원래 없던 상태로 반드시 되돌릴 수 있다는 믿음이 중요합니다. 또 '하기로 마음먹은 것은 반드시 한다!'는 새로운 각오, 마음가짐이 새로운 좋은 습관을 만들 수 있습니다. 그러니 habit이란 한글자를 화두처럼 가슴에 품고서 작은 습관부터 고치고 새로운 올바른 습관을 몸에 배게 하는 훈련을 하기 바랍니다.

Coffee

휴대폰 전원을 끄고
커피 한 잔 마시는 여유를 가져라

삶의 여유

✿ ✿ ✿ 　 우리들의 일상은 너무 바쁩니다. 그래서 자신을 돌아보고 반성할 시간도 제대로 가져보지 못합니다. 만약 사전에, 이렇게 바삐 떠난 길의 끝자락이 낭떠러지 절벽임을 미리 안다면 절대 서둘러 길을 나서는 일은 없을 겁니다. 생각을 실천에 옮기기 위해 몸을 바삐 놀리는 것은 좋지만 무작정 마음만 바빠 허둥대면 어리석은 결과를 초래하기도 합니다. 마음이 여유롭지 못하고 바쁘면 나날의 일상에서 신정한 가치를 만들어내기 어렵습니다. 인디언들은 말을 타고 가다가 가끔씩 말에서 내려 뒤를 돌아본다고 합니다. 자신의 영혼이 자신을 따라오는지 확인하려고 말입니다. 그러니 삶의 여유를 가지려면 가끔씩 자신에게 휴식이라는 선물을 줘야 합니다.

문명의 이기인 스마트폰도 우리 마음을 늘 바쁘게 하는 요소 중 하나입니다. 휴대폰으로 다양한 업무처리가 가능한 이 시대에 일을 처리하는 데에도 사람들과 소통할 때에도 스마트폰은 없어서는 안 될 중요 매개체입니다. 그래서 핸드폰을 손에 쥐고 있는 마음은 더욱 급해집니다. 일 때문에 그렇기도 하지만, SNS로 소통하는 사람들과 주고받는 메시지 등으로 인해 가슴이 설레기도 우울해지기도 하니 마음이 여유롭고 한가로울 새가 전혀 없습니다.

이제 잠시, 손에 쥐고 있던 스마트폰을 내려놓고 마음의 여유를 가져보는 것은 어떨까요. 처음엔 좀 막연하겠지만, 일단 내 눈앞에 보이는 사물들에 눈길을 주기 바랍니다. 가급적 따뜻한 시선으로 내 시야에 들어오는 사물들을 바라보기 바랍니다. 그리고 잠시, 그 사물들과 눈을 맞춰보는 겁니다. 하늘에 있는 구름과 인사해도 좋고, 지나가는 아이와 눈을 맞춰보는 것도 좋겠지요. 또 모르는 사람에게 가볍게 눈인사를 해보는 것은 어떨까요. 그렇게 잠시 모든 것을 내려놓고 내 시야에 들어오는 사물에 편안한 눈길을 주다보면 어느 새 혼탁했던 마음이 잔잔히 가라앉으며 맑고 고요해짐을 느낄 겁니다.

여유를 가진다는 것은 그렇게 자신을 돌보는 것입니다. 일과 사람에게 상처받아 생채기 난 마음에 연고를 발라주듯 조금씩 마음을 돌보는 것이 중요합니다. 그렇게 마음이 넉넉해지면 일과 사람에 대해 결코 서두름 없이 여유 있게 대하게 됩니다. 무거운 짐을 계속 지고 가다보면 힘에 부쳐 다른 사람들을 돌아볼 여유가 없어집니다. 잠시 쉬어가면서 다른 사람을 돌아볼 여유를 마음에 담아야 합니다.

삶의 힘은 잠시 쉬는 여유에서 나옵니다.

삶의 여유를 가지면 삶에 대해 감사하는 마음이 저절로 생깁니다. 일상생활에서 일에 치여 바쁘게 움직일 때는 나를 둘러싼 소중한 것들에 대해 감사하는 마음이 비집고 나올 틈이 없어집니다. 부탁하건대, 아주 잠시라도 휴대폰 전원을 끄고 커피 한 잔 마시는 시간을 가져보기 바랍니다.

'외식제연 내심무천 外息諸緣 內心無喘'이란 말이 있습니다. '밖으로 향하는 모든 마음을 쉬면 안으로 마음의 헐떡임이 없다'는 뜻입니다. 휴대폰 전원을 끄고 커피를 마셔 보세요. 코끝을 자극하는 커피향이 온몸 가득 퍼지며 몸 안 가득 엔돌핀이 감돌고 에너지가 충만함을 느낄 것입니다. 이러한 단순한 경험만으로도 우리는 자신이 살아 있음을 충분히 생생하게 느낄 수 있습니다.

이렇게 자신만의 휴식시간을 통해 행복감을 느끼게 되면 자연스레 좀더 긴 시간을 투자하여 진정한 자신의 모습과 만나고자 노력하게 됩니다. 요즘은 템플스테이(Temple Stay, 산사체험)나 고택스테이(古宅 Stay, 전통 한옥체험) 프로그램이 전국적으로 퍼져 있어 기호에 맞는 공간을 선택하여 휴식을 취해보는 것도 좋으리라 봅니다. 이때 고려할 점은 어디에서 휴식을 취하든 자신에게 맞는, 자신의 내면을 돌아볼 수 있는 '셀프스테이' 공간에서 휴식을 취해야 한다는 점입니다. 단순히 몸을 편안히 쉬게 하는 외부공간이 아닌, 자신의 내면을 돌아보는 조용한 휴식공간에서 가장 편안하고 가장 즐거운 상태가 유지되도록 마음의 훈련을 반복하길 바랍니다.

휴식으로 충전한 마음은 온전한 마음입니다.

마음이 온전해야 사람과 세상 또한 바른 시선으로 바라볼 수 있습니다. 마음이 바르고 반듯해야 남을 온전히 이해하고, 사랑하고, 도움을 줄 수 있습니다. 그래야 사람들과 진정으로 소통할 수 있습니다. 그래서 온전한 마음의 휴식이 중요합니다.

누구에게나 자기만의 휴식공간이 있듯 필자에게도 전쟁터 같은 삶

속에서 나름의 쉼터가 있습니다. 바로 도서관입니다. 전국 각지의 도서관을 대부분 다녀보았지만, 경험에 의하면 바다가 보이는 부산 다대도서관, 호수가 보이는 순천 조례도서관, 테라스가 아름다운 대전 유성도서관, 들녘이 아름다운 청양의 정산도서관 등에서 마음의 여유를 얻을 수 있었습니다. 별다른 방법이 있었던 것은 아닙니다. 그냥 책을 읽거나 물끄러미 도서관 안에서 밖의 정경을 바라보는 것만으로도 충분히 마음이 넉넉해지며 몸의 에너지가 충전됨을 느낄 수 있었습니다. 그래서 도서관은 제 삶의 베이스캠프입니다.

유명 브랜드 커피숍이 아닌 개인이 운영하는 카페도 제 삶의 휴식 공간입니다. 번화하지 않은 곳에 있는 카페에서 커피 마시며 주인장과 두런두런 이야기를 나누다보면 어느덧 삶의 시름도 사라져갔습니다. 이렇듯 삶속에서 남다른 자신만의 휴식공간을 가진다는 것은 대단히 소중합니다. 그곳에서 비로소 나의 지친 영혼을 만날 수 있었습니다. 그리고 다시 그곳에서 시든 영혼이 회생될 수 있었습니다.

coffee라는 글자 안에는 '끄다'를 의미하는 off가 들어 있습니다. 휴대폰 전원을 끄고 커피 한 잔 마실 수 있는 여유를 가지라는 뜻입니다. 하루의 잠시만이라도 그렇게 자신과 마주할 수 있는 시간을 갖는 훈련을 하다보면, 방전된 자신을 여유 있게 충전하여 좀더 충만한 하루를 살아갈 수 있습니다. 한번 울창한 숲에서 자신만의 휴식시간을 가져보기 바랍니다. '숲'이라는 뜻의 forest에는 '휴식'이라는 뜻의 rest가 들어 있습니다.

숲에서는 눈이라는 카메라 셔터도 꺼보세요. 그러면 계곡 한가운데서 꽃의 향기, 풀의 감촉, 새와 시냇물의 소리를 더 풍성하게 들을 수 있습니다. 아마도 여러분은 신선한 바람이 불어오는 숲에서 편안하게 커피를 마시며 진정한 휴식의 의미를 되새길 수 있을 겁니다. 그러니 잊지 마세요, coffee에는 off가 들어 있음을!

train

비 오는 날 어디론가
떠날 수 있는 낭만을 가져라

❦ ❦ ❦　　　사는 게 답답하고 팍팍해서 낭만을 잃어버리고 사는 사람이 많습니다. 최백호의 〈낭만에 대하여〉라는 노래는 '궂은 비 내리는 날, 그야말로 옛날식 다방에 앉아⋯⋯' 라고 시작합니다. 동해안 해파랑길 770킬로미터를 걸을 때 영덕 강구항의 '등대다방' 2층에서 이 노래를 들었던 기억이 납니다. 추적추적 내리는 비를 온몸으로 받아내던 어선들과 골목길들이 눈에 선합니다.

눈 내리는 날, 한계령에서 양희은의 노래 〈한계령〉이라는 곡을 들었던 기억도 납니다. 당시 주변에 모여 있던 사람들이 제 차에서 흘러나오는 이 노래에 귀를 기울이며 한껏 분위기에 젖어 들었는데, 당시의 영화 같은 한 장면을 잊을 수 없습니다.

비가 오면 가끔씩 테이크아웃 커피를 사들고 도서관이나 사무실 혹은 지인이 운영하는 개인병원에 가곤 합니다. 비오는 아침 도서관이나 병원에서 은은히 퍼져가는 커피향을 맡고 있노라면 뭔지 모를 기쁨이 가슴 한구석에서 샘솟아오름을 느낍니다.

또 아주 오래된 일이지만, 비오는 날이면 지금은 광운대역으로 바뀐 성북역에서 춘천역까지 가는 비둘기호 열차를 타고 무작정 길을 떠나곤 했습니다. 지금은 없어진 비둘기호는 당시에 매 정거장마다 정차했습니다. 비오는 날, 객차 안의 네모난 차창은 수천 장의 풍경화를 만들어냅니다. 기차를 타기 전, 엽서 한 장을 사서 열차가 정차할 때마다 그립고 소중한 이에게 전하고 싶은 사연을 적어 종착역에 도

착해서 우체통에 넣었던 기억이 있습니다. 지금도 당시 그 엽서를 받고 환히 웃었을 사람들 모습이 떠오릅니다.

전국에는 한참을 달려가도 마주 오는 차를 단 한 대도 발견하기 어려운, 그런 한적한 도로들이 많습니다. 경험에 의하면 경북 영양의 917번 도로, 강원도 인제에서 귀둔가는 길 그리고 경기도 연천의 내산리 도로들이 그렇습니다. 이런 도로에서는 차를 빨리 움직여야 할 이유가 전혀 없지요. 느릿느릿 차를 운전하면서 여유롭게 음악을 들을 수 있어 참으로 좋습니다. 음악이 풍경과 섞이는 묘한 분위기, 이것이 한적한 도로를 달리는 매력이라고 할 수 있겠습니다.

또 우리나라에는 많은 분교들이 있습니다. 울창한 원시림 속에 있는 봉화 두음분교, 바다가 한눈에 보이는 영덕 창포분교, 진부령에 있는 흘리분교, 삼천포의 섬에 있는 늑도분교 등 수많은 분교들에 가보면 마치 시간이 멈춰진 듯한 느낌을 받습니다. 달랑 건물 하나에 너른 운동장, 그네와 시소가 전부인 분교 안의 길을 한적하게 거닐 때면 단순한 삶이 무엇인지, 끊임없이 되새기게 됩니다.

한동안 비가 오면 필자에게 전화를 걸어오는 사람들이 많았습니다. 오늘은 어느 커피숍 창가에 있느냐 물어보기 위해서였습니다. 비가 오면 책 한 권 달랑 들고 전망 좋은 창가에 앉아 음악을 들으며 책을 읽는 경우가 많았습니다. 그렇게 비 내리는 날, 차분한 마음으로 책을 읽고 있노라면 거미줄처럼 얽혀 있던 생각들이 일시에 빗물에 쓸

려가는 기분이 들어 좋았습니다. 비 내리는 모습을 바라보며 창가에서 책을 읽는 즐거움! 어느 순간, 빗줄기 따라 책 속의 활자가 살아 움직이고, 여기에 분위기 있는 음악이 가세되면서 색다른 책읽기 묘미에 빠져들었습니다. 지금도 비오는 날이면 자주 커피숍에 가는 이유입니다.

이 모든 낭만이 오늘의 저를 조금씩 만들어가고 있다는 생각이 듭니다. 낭만이 이어 추억이 되면 그 힘으로 현재의 시련과 고통을 이겨낼 수 있습니다. 그래서 낭만은 우리에게 많은 힘을 줍니다. 메마른 대지를 촉촉이 적셔주는 단비처럼 낭만은 우리 삶에 활력을 불어넣어줍니다. 그것은 마치 팍팍하게 갈라진 가물 때의 논이 하늘에서 내리는 촉촉한 단비를 머금고 풍성한 소출을 해내는 것과 같습니다.

낭만은 힘이 셉니다.

'기차'라는 뜻의 train에는 '비'를 의미하는 rain이 들어 있습니다. 비오는 날에는 기차를 타고 어딘가로 떠나듯이 삶이 제대로 풀리지 않을 때는 여기에 너무 얽매이지 말고 잠시 자신을 '낭만적 상태'에 놓여 있게 할 필요가 있습니다. 왼손을 펴고 손금을 잘 살펴보세요. '시'라고 써 있는 것을 볼 수 있습니다. 우리는 이렇게 낭만을 누리고 살아야 하는 존재임을 잊지 마세요.

Show

어떻게 살고 있는지 보여주라

솔선수범

❦❦❦　아버지가 집에서 소파에 누워 TV 리모컨만 돌리면서 아이들에게 공부하라고, 부지런하라고 하면 말을 들을까요? 정부의 고위공직자가 온갖 비리를 저지르면서 일반 공무원들에게 청렴하라고 말을 하면 따를까요? 윗물이 맑아야 아랫물이 맑다는 말이 있듯 윗사람이 솔선수범하는 모범을 보여야 아랫사람들이 그대로 따라합니다. 서산대사(법명 휴정休靜, 1520-1604)가 이런 말을 남겼습니다.

　답설야중거 불수호란행 금일아행적 수작후인정
　踏雪野中去 不須胡亂行 今日我行跡 遂作後人程
　(눈 온 들길 걷는 사람이여, 어지러이 걷지 마라.
　오늘 그대의 발자욱은 뒷사람의 이정표가 될지니.)

　역시 앞서 가는 사람의 올바른 처신을 지적한 말이라고 할 수 있습니다. 가정이든 회사든 국가든 지도자의 위치에 있는 사람은 구성원 개개인을 잘 살피면서 동시에 자신의 언행을 바르게 해야 합니다.

　불교 최고의 경전 《금강경》은 부처님이 제자들과 함께 걸식을 하는 장면에서 시작합니다. 그 다음에 비로소 제자 수보리와 진리에 대한 문답을 이어갑니다. 진리를 논하기 전에 부처님은 먼저 청빈하게 사는 모습을 몸소 실천하여 보여줍니다. 진리란 실행을 거듭하면서 몸에 배는 것임을 증명해보이고 있는 것입니다. 그래서 조계종 종정을 지낸 법전스님도 "진정한 스승은 생활 전체가 그대로 법문"이라고 말하고 있는 것입니다.

예수님도 십자가에 못 박힐 때 자신을 못 박는 이들을 향해 "주여, 저들을 용서하소서. 저들은 저희들이 하는 짓을 모르나이다" 하며 그들을 용서했습니다. 진정으로 상대를 용서하는 일을 거룩하게 실천하신 것입니다. 그래서 예수님을 unmoved mover, 즉 '부동不動의 동자動者' 또는 '움직이지 않는 움직이는 사람'이라고 불렀던 것입니다. 자신은 움직이지도 변화하지도 않으면서 수많은 사람들을 변화시켰다는 뜻이겠지요. 그것이 가능했던 것은 오직 진리를 온몸으로 직접 실천했기 때문입니다.

공자님도 '기소불욕 물시어인己所不欲勿施於人'이라고 말했습니다. '자신이 하기 싫은 일을 남에게 시키지 말라' 라는 뜻이겠지요. (3호선 주엽역의 벽에 이 문구가 써 있으니 꼭 한번 보세요) 내가 하기 싫은 일을 남에게 시키지 않는 것이야말로 솔선수범의 극치라고 할 수 있습니다. 성경에도 이런 말이 있습니다. '남이 너희에게 해주기를 바라는 그대로 너희도 남에게 해주어라(누가복음 6장 31절)'.

큰딸이 세 살 때쯤이었나 봅니다. 다니던 회사를 그만 두고 집에서 번역일을 많이 할 때였습니다. 번역을 하며 틈틈이 다양한 종류의 책을 거실에서 읽고 있었는데 글도 읽을 줄 모르는 아이가 아빠 옆에서 나란히 책을 들고 읽고 있었습니다. 그 모습이 하도 기특하고 신기해서 카메라에 담아두었는데, 지금도 그 사진을 소중히 간직하고 있습니다. 아이의 책읽는 습관이 아마 그때부터 형성되지 않았나 생각해봅니다. 아이 어릴 때 도서관이 아닌 집에서 책읽길 참으로 잘했다는 생각이 요즘 와서 다시 새록새록 듭니다.

한 가정에서 부모의 정신은 '유전'되지 않습니다.
다만 '유산'으로 남겨질 뿐입니다.

어떤 유산을 남길지는 부모의 행동을 보면 알 수 있습니다. 회사나 국가의 지도자도 이떤 유산을 조직이나 나라에 남기느냐에 따라 내실있는 회사나 강건한 나라가 결정됩니다. 도미노의 첫 번째 골패를 쓰러뜨리면 마지막 골패도 쓰러집니다. 사람으로 치면 만난 적도 없는 사람이지만, 그 사람의 감동적인 언행으로 가장 마지막에 있는 사람에게도 영향을 미친다고 할 수 있습니다. 결과적으로 한 사람의 올바르게 산 삶 자체가 많은 사람을 올바르게 살도록 감화시킵니다.

일상에서 솔선수범하는 자세를 한 시도 잊지 않게 해주는 한글자를 소개합니다. '보여주다'라는 뜻의 show에는 '어떻게'라는 의미의 'how'가 들어 있습니다. 타인에게 솔선수범하는 것은 '지금 어떻게 살고 있는지 모범적으로 보여주는 것'입니다. 지금 살고 있는 모습이 바람직하지 못하면 부정적인 영향을 끼칠 것이고 밝고 올바른 모습으로 살아왔다면 긍정적인 영향을 미칠 것입니다. 그러니 많은 좋은 말보다 어떻게 살고 있는지 작금의 삶 자체를 보여주는 것이 진정한 솔선수범의 정신이라고 할 수 있습니다.

Place 어느 곳에 있든지
주인으로 살아라

주인의식

✾ ✾ ✾　　　'수처작주隨處作住'란 말이 있습니다. 중국 당나라 때 조주曹州 남화南華 출신의 임제선사(?~867)가 한 말입니다. '어느 곳에 있든지 그곳의 주인이 되라'는 뜻이겠지요. 자신이 어느 곳에 있든지 주인의식을 가지고 임하면 직원으로 일해도 주인이나 다름없습니다. 자영업을 해도 마찬가지입니다. 자신이 일하는 곳을 최고의 공간으로 만들고 정성을 다해 고객을 대하면 그 공간은 최고의 장소, 손님이 가고 싶은 최적의 장소가 될 것입니다.

진흙 속에서 연꽃이 피어나듯 어떤 혼탁한 곳에 있더라도 자신이 결코 더럽혀지지 않는 존재임을 자각해야 합니다. 진리는 그 어떤 회유에 휘말리거나 물들지 않습니다. '임금 왕王'에 점 하나만 찍으면 '주인 주主' 자가 됩니다. 나를 우주의 중심에 세우고 바라보는 것, 그게 바로 내 인생에 일대 혁명을 일으키는 일입니다. 아무리 사소한 일이라도 지금 이 순간 하는 일에 정성을 다하고 최선을 다하면 앞으로 어느 곳에서 일하더라도 내가 주인이 될 수 있습니다. 그만그만한 복제품이 아닌 원본으로 사는 나답게 사는 삶, 이것이 바로 주인된 삶입니다.

다시 말하자면 어느 곳에서나 주인이 된다는 것은 '자기답게 사는 삶'을 뜻합니다. 외부의 어떤 대상이 바뀌길 바라기보다는 주체적인 삶을 살기 위해 나의 힘을 길러야 합니다. 그래야 그 어디에 있든 진정한 주인이 될 수 있습니다. 자신이 머무는 곳에서 항상 최고의 삶, 주인된 삶을 살기 위해 노력하세요. 여러분은 잠시 머무는 호텔 객실이 아닌, 스스로 책임져야 할 집에 살고 있음을 명심하시기 바랍니다.

소에게는 코에 뚜레를 뚫어주고, 말에게는 머리에 굴레를 씌워줌으로써 사람이 시키는 대로 복종하는 삶을 살게 되었습니다. 그런데 인간은 생존을 위해 스스로 노예를 자처하기도 합니다. 어떤 귀한 사람이나 천한 사람도 몸속 장기 중에 쓸모없는 것을 지닌 사람은 하나도 없듯 어디에 있든지 쓸모 있는 사람이 되어야 합니다. 부러진 크레용으로도 그림은 그릴 수 있고, 몽당연필로도 멋진 글을 쓸 수 있습니다. 어떤 상황에 처해 있든 자신이 항상 당당한 삶을 살 수 있는, 단 하나뿐인 존재임을 잊어서는 안 됩니다.

보물은 파란 보자기로 싸나 빨간 보자기로 싸나 그 가치가 변질되지 않습니다. 또한 아무리 구겨진 지폐일지라도 본래의 돈이 지닌 속성, 값어치를 잃지는 않습니다. 항상 주인의식을 가지고 살기 바랍니다. 그렇다고 드라마의 주인공처럼 주연만 맡으려고 욕심내서는 안 됩니다. 생의 주인공이 되겠다고 몸부림치는 삶은 참으로 피곤한 인생입니다. 조연도 주연 못지않게 삶을 아름답고 풍요롭게 만듭니다. 그러니 성공하겠다는 '생각'보다는 성숙해지려는 '마음가짐'이 더욱 중요하다는 사실도 잊지 말기 바랍니다. 생의 주인공보다는 삶의 주인이 되세요.

이렇게 어느 곳에 있든지 주인이 되는 '수처작주'의 정신을 가지면 주인의식을 충분히 지키면서 다른 사람과 융합할 수 있는 '화이부동 和而不同' 정신도 함께 유지할 수 있습니다. '화이부동'이란 사람들과 화합하되 자신의 영역은 지킨다는 뜻입니다. 어느 곳에서나 주인이 된다는 것은 자신의 정체성을 분명히 지키는 일입니다. 이것이 바로 화이부동이지요. 어울리지만 주체성을 잃지 않고, 그러기에 다른 사람의 정체성도 인정할 수 있는 여유를 가지게 됩니다. 그러면 나는 슬픈 자화상이 아닌 다른 사람들과 어우러진 풍경화 속의 한 사람이 되겠지요.

몇 년 전부터 부처님의 가르침인 '불법'을 공부하고 있습니다. 세상의 모든 것은 항상 변한다는 제행무상諸行無常, 나라고 하는 실체는 없다는 제법무아諸法無我, 세상의 모든 것은 고통이라는 일체개고一切皆苦의 가르침과 불교경전들을 가슴에 새기고 사니 다른 사람과 비교하며 살 필요도 없어졌고, 성공만을 향하여 헐떡거리며 살아갈 이유도 없어졌습니다. 어느 곳에 있든지 오직 진리를 배우고 진리를 전하는 길만이 나다운 주체적인 삶, 주인된 삶을 살아가는 길임을 알게 되었습니다.

채우려 하지 않고 구하려 하지 않으면 어디에 있어도 당당합니다.

'장소'를 뜻하는 place라는 한글자에는 '최고'를 뜻하는 ace가 들어 있습니다. 어느 곳에 있든지 남의 눈치도 보지 말고, 남의 시선에도 구애받지 않고 항상 최고의 상태로 존재하라는 의미로 place에 ace가 들어 있다고 생각하면 됩니다.

mask 가면을 쓰고 사는 건 아닌지
스스로에게 물어보라

실체

✹ ✹ ✹　　　염세주의 철학자 쇼펜하우어는 "인간은 다른 사람처럼 되고자 하기 때문에 자기 잠재력의 대부분을 상실한다"고 말한 바 있습니다. 그렇습니다. 우리는 자신이 진정으로 원하는 일을 하기보다는 남이 하는 것에 무작정 이끌려 이를 따라하는 경우가 많습니다. 하지만 라디오 주파수를 잘 맞춰야 제대로 맑은 소리가 나듯, 나는 나다울 때 가장 자연스럽고 최고의 능력을 발휘할 수 있습니다. 또한 이런 나의 늠름하고 당찬 모습은 다른 사람의 귀감이 되면서 어떤 사람에게는 번뜩이는 영감을 주기도 합니다.

지금 자신의 존재 그 자체가 명품인데 스스로 명품에 포장지를 입힌 채 살아가는 건 아닌지 생각해보기 바랍니다. 포장지는 잠시 그 용도를 다하면 버려지는 일회용품에 불과합니다. 자신을 포장하는 데 많은 세월을 허비할수록 자신의 진가, 진면목을 발휘할 기회는 점점 상실됩니다. 타인의 시선에 맞춰 사는 것은 까치발을 들고 사는 것처럼 고단한 삶입니다.

지금 자신의 모습이 너무 초라하여 남보기 창피하십니까? 남과 자신을 비교하며 겉치레의 삶을 살고 있다면 지금이라도 당장 허영의 옷을 벗어던지고 자신의 진가를 보여줄 수 있는 삶에 투신하기 바랍니다.

'다른 사람들이 아무리 당신을 존경해도 스스로 자신을 존경하는 그 이상은 결코 아니다'라는 말이 있습니다. 어떤 단점이라도 있는 그대로, 부끄럼 없이 드러낼 때야말로 비로소 '독특한 개성'이 장점으로 전화될 수 있습니다. 어떻게 단점을 장점으로 변화시킬 것인가, 이에 대한 믿음을 가지는 것은 오로지 스스로에게 달려 있습니다. 마찬가지로 남들이 다 해도 내가 바람직하지 않다고 생각한다면 단호히 행하지 않는 용기도 필요합니다. 반대로 남들이 다 안 한다고 해도 내가 옳다고 생각하면 곧바로 행동에 옮기는 결단력도 때론 필요합니다. 이것이 바로 삶을 주체적으로 능동적으로 사는 길입니다.

바야흐로 지문이나 홍채로 본인을 인증하는 시대가 되고 있습니다. 이는 불법적 복제와 인증, 해킹이 난무하는 이 시대, 오직 유일한 나 하나를 인정하는 확실한 인증을 요하는 시대가 되었음을 뜻합니다. 세상에 오직 하나뿐이 존재하지 않는 나, 이제부터 타인으로 향하는 시선을 거두고 오로지 나에게 집중해보세요. 다른 사람이 지니지 않은 나만의 기질, 개성은 반드시 있게 마련입니다. 일단 나만이 지닌 고유한 개성을 발견해냈다면 그것이 장점이든 단점이든 이를 긍정적으로 발전시키는 노력의 시간이 필요합니다. 힘겹지만, 이러한 인내의 과정을 이겨낸다면 당신은 반드시 타의 추종을 불허하는 최고의 경쟁력을 갖춘 사람이 될 것입니다.

나만이 가지고 있는 것이 최고의 경쟁력입니다.

한번은 TV에서 아주 인상적인 강연을 본 적이 있습니다. 어릴 때 부모님이 돌아가셨고 설상가상으로 교통사고로 한쪽 다리마저 잃어 외다리가 된 분이었습니다. 성인이 될 때까지 성하지 않은 몸으로 안

해본 일이 없었습니다. 지금은 회사에서 받은 찹쌀떡을 식당이나 주점을 돌며 파는 일을 하고 있습니다. 그 일을 한 지 어느덧 9년이나 되었다고 합니다. 그의 강연을 보며 놀란 것은 표정이 너무 밝고 자신감에 넘쳐 있다는 점이었습니다. 이것이 어떻게 가능했을까요. '마음의 병이 사람을 죽음에 이르게 한다.' 그를 사로잡은 이 말 한마디가 그를 이토록 활력 넘치게 했다고 합니다. 그렇습니다. 그는 비록 불편한 다리를 가지고 있지만 이를 부끄러워하지 않고 당당히 세상을 대하고 있었습니다. 그를 보면서 자기 결점을 감추려하지 않고 있는 그대로 드러낼 때의 삶이 진정한 경쟁력일 수도 있겠다, 다시 한번 마음속에 되새겨보는 계기가 되었습니다.

자신을 있는 그대로 보여주는 삶을 실천하기 위해 mask라는 한글자에 주목하기 바랍니다. '가면'을 뜻하는 mask에는 '물어보다'라는 의미의 ask가 들어 있습니다. 타인의 시선을 의식하고 있을 때, 타인의 삶을 흉내내고 있을 때 mask를 떠올려보세요. 그리고 스스로에게 물어보세요. 지금 위선적인 가면을 쓰고 살아가고 있는 건 아닌지…….

있는 그대로의 나를 찾는 방법은 간단합니다. 과감히 겉치레와 허영의 가면을 벗어던져 버리는 것입니다. 있는 그대로의 내 모습으로 살아간다는 것은 남이 닮고 싶은 내 모습을 가진다는 말입니다. 타인의 시선을 의식하지 않는 삶을 살고 싶을 때 한글자 mask는 빛을 발할 것입니다.

meet 만남은 내 안의 나를 만나는 것이다

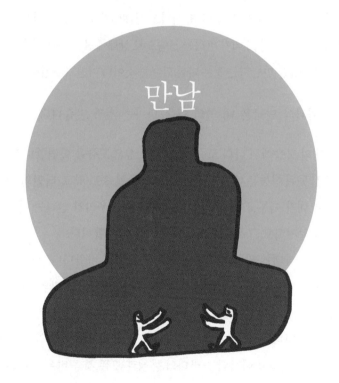

만남

✿ ✿ ✿　　　'자타불이自他不二'라는 말이 있습니다. '너와 나는 둘이 아니다' 라는 뜻입니다. '내 안에 존재하는 신성이 당신에게 내 재한 신성에 경배합니다' 라는 뜻의 '나마스떼'라는 말도 같은 맥락 이겠지요.

내 안에 들어 있는 품성, 인격, 성격이 상대에게도 모두 들어 있습니 다. 내게 없는 부분도 내가 바라는 모습으로 상대에게 그대로 있습니다. 그러니 타인을 만난다는 것은 나를 만나는 것이나 마찬가지입니다.

사람과의 만남은 내 안의 나를 만나는 것과 같습니다.

상대의 모습에서 나의 모습, 내가 닮고 싶은 모습을 발견합니다. 타 인의 잘못된 행동은 내가 예전에 했던 행동일 수도 있고, 타인의 선한 행동은 내가 이루고자 했던 일입니다. 그러니 우리가 만나는 사람이 그 누구일지라도 그 사람에게서 배우려고 해야 합니다.

우리는 상대를 만나면서 편안한 느낌을 얻길 바랍니다. 우편함 속 에 반가운 소식이 있길 바라는 것처럼 누구나 상대와의 만남에서 '편 안함'이 깃들길 원합니다.

드넓은 바다와 광대한 하늘이 만나는 곳이 바로 수평선입니다. 세 상의 모든 것을 받아들이는 바다의 품성과 모든 것을 비우는 하늘의 인격이 만나는 '수평선 같은 만남'이 우리에게도 필요합니다. 이러한 만남이 가능하려면 상대를 존중하여 드높이려는 마음이 항상 전제되어 있어야 하겠지요. '관계를 맺다'는 뜻을 가진 relate에는 '고양시 키다'라는 뜻의 elate가 들어 있습니다. '서로 관계를 맺는다'라는 말 안에는 상대를 드높이고 존중하기 위해 만난다는 뜻이 'relate'에 들어 있습니다. 그래서 만남은 끊임없이 내 인격을 시험해볼 수 있는 시험대라고 할 수 있습니다. 이것이 가능하려면 의사가 가슴에 품고 있던 청진기를 환자 가슴에 갖다대는 행위처럼 상대를 만나기 전에 스스로가 먼저 따스한 가슴을 지닌 사람이 되어 있어야겠지요. 우리가 깨달음을 얻었다고 해도 상대와의 만남에서 그 진가가 발휘되지 못한다면 그 깨달음은 공허한 것에 불과합니다. 상대와 좋은 만남을 유지하려면 먼저 끊임없이 나 자신과 좋은 만남을 가져야 합니다.

만남은 상대를 드높이는 일입니다.

하나의 대하소설 같은 타인의 삶에 대한 깊은 이해없이 편견과 선입관으로 만남을 유지한다면 그 만남의 귀결은 불 보듯 뻔할 것입니다. 그래서 타인을 '있는 그대로 바라보는 것'이 중요합니다. 상대를 곱게 보면 굽고 휘어 있던 사람도 예전과 변화된 모습으로 내 앞에 존재할 수 있습니다. 만남이란 상대의 온 생애를 만나는 것이나 마찬가진데 어찌 떨리고 설레는 마음 없이 만날 수 있겠습니까.

만남의 유형도 다양하겠지만, 여러 사람에게서 새로운 만남을 가지는 것보다 같은 사람에게서 여러 가지 새로움을 만나는 것이 더 친

밀하고 강렬한 느낌을 받을 수 있습니다. 결국 만남은 서로에게 물들어가는 과정이라 할 수 있겠습니다. 만남은 서로가 서로에게 풍경이 되어주는 것입니다. 내가 그 사람에게 만들어주는 풍경 속에서, 또한 그 사람이 내게 만들어주는 풍경 속에서 한없이 아름다워지도록 상대를 도와주는 것이 진정한 만남의 가치입니다. 만남으로 서로 이전보다 더 행복해졌다면 그것으로 충분합니다. 그러니 명심하세요. 만남의 핵심은 '자리이타'이라는 사실을. 즉 나도 좋고 상대도 좋아야 합니다.

우리는 살면서 많은 만남을 경험합니다. 상대와의 만남이 좋은 추억으로 남아 있는 경우도 있지만, 몸서리쳐질 정도의 악연으로 기억되는 경우도 있습니다. 그러나 모든 만남은 '의미있는 만남'일 수밖에 없습니다. 그동안의 만남 과정을 찬찬히 살펴보면 '배움' 아니었던 적이 없기 때문입니다. 그 배움은, 앞으로 나를 둘러싼 사람들과 만남을 가질 때마다 좋은 인연으로 발전하는 원동력으로 작용할 것입니다. 그러한 좋은 만남을 통해 나날이 즐겁고 행복질 수 있습니다. 그래서 소중한 만남을 이어가면서 이전보다 더 행복해질 수 있도록 노력하게 되는 것이죠. 그러니 만남을 두려워하지도 말고, 만남을 계산하지도 말고 있는 그대로의 상대를 바라보며 소중한 만남을 이어가길 바랍니다.

누구나 잊을 수 없는 만남이 있습니다. 제 경우에는 중학교 3학년 때 만난 영어선생님이 그렇습니다. 중3 때 여름방학 얼마 전이었습니다. 새로 부임해온 영어선생님이 수업을 위해 처음 교실에 들어오셨을 때였습니다. 당시 어린 마음에 조금 튀어보려는 마음에서 미리 칠판에 'Oh, English! Go back to your country.' 라고 썼던 기억이 있습니다. 화가 난 선생님께서는 그 문장을 쓴 저를 불러 세우더니 교무실에 가서 무릎 꿇고 손들고 있으라고 하셨습니다. 그 일이 그리 벌받을 일인가 원망스런 마음으로 교무실에 가서 마침 종이 울릴 때까지 벌을 섰습니다. 그런데 수업을 마치고 교무실로 돌아오시는 선생님들마다 '까만 출석부'로 제 머리를 한 대씩 치고 들어가시는 것이었습니다. 점점 자존심에 상처가 났습니다. 수업을 마치고 교무실로 돌아오신 영어선생님께서 이제 교실로 돌아가도 좋다고 말했지만 아무 대답도 없이 입을 쭉 내밀고는 교실로 돌아왔습니다.

그리고 여름방학이 될 때까지 선생님과 눈도 마주치지 않고 혼자 속으로 씩씩거렸습니다. 그런데 여름방학 하는 날 영어선생님이 부르셔서 교무실에 갔더니, 선생님께서 제게 환한 미소를 보내시면서 여름방학 때 읽어보라고 《Uncle Tom's Cabin》이라는 책을 선물로 주셨습니다. 무덤덤하게 책을 받아들고 교실에 와서 펼쳐보니 책갈피에 선생님이 쓰신 편지가 끼어 있었습니다. 그 편지를 읽으면서 그만 눈물이 나고 말았습니다. (그때를 생각하면 지금도 가슴이 먹먹합니다.) 공부를 잘하고 영어를 잘하는 것도 중요하지만 겸손하게 상대를 대하는 것이 얼마나 중요한 일인지 잔잔하게 일깨워주는 글이었습니다.

그 날 이후로 저는 결심했습니다. 선생님께서 가르쳐주신 대로 살고, 선생님께서 책을 주신 것처럼 저도 직접 책을 써서 선생님께 '보답의 선물'을 드리겠다고. 그리고 2007년에 첫 책을 출간한 이래 10여 권이 넘는 제 책을 언제나 제일 먼저 선생님께 드렸습니다. 앞으로도 제게 겸손과 배려라는 덕목을 가르쳐주신 선생님께 새 책이 나오면 제일 먼저 달려가 건네드리고 싶습니다.

'만나다'라는 뜻의 meet에는 '나를'이라는 의미의 me가 들어 있습니다. 만남이란 말에 어떻게 나라는 말이 들어 있을까요? 그것은 나와 남이 둘이 아닌 하나임을 뜻하는 것이겠지요. 남을 만난다는 것은 결국 나를 만나는 것이니 상대를 항상 존중하는 마음으로 만나야 할 것입니다.

불교경전인《법화경》에 '상불경보살常不輕菩薩'이란 말이 있습니다. 교만과 악덕을 버리고 항상 누구를 만나든지 그를 공경하는 마음으로 대하는 보살이 바로 상불경보살입니다. 어느 누구를 만나든 상불경보살의 마음을 가지는 것이 정말 중요한 덕목이 아닐 수 없습니다.

friend 친구와의 우정은 끝까지 가야 한다

❦ ❦ ❦   '어려울 때 친구가 진짜 친구다(A friend in need is a friend in deed)' 라는 말이 있습니다. 주변에 여러 부류의 친구가 많지만, 어려움이 닥쳤을 때 진정 내 일처럼 아파하며 함께 아픔을 나누려는 친구가 진정한 친구일 겁니다. 그런 친구라면 오랜 세월이 흘러도 변함없는 친구관계로 남아 있겠죠.

'친구'라는 뜻의 friend에는 '끝'이라는 의미의 end가 들어 있습니다. '친구란 끝까지 함께하는 존재'라고 두 개의 한글자를 연결시켜 생각해보세요. 그리고 지금 현재 만나고 있는 친구들을 떠올리면서 어떤 경우에도 그 친구들과 함께 끝까지 갈 수 있는지 헤아려보세요. 끝까지 간다는 것은 중간에 어떤 일이 있어도 잡은 손 놓지 않고 함께할 수 있음을 확신한다는 뜻을 나타냅니다.

세상 끝까지 친구와 같이 가기 위해 end로 시작되는 세 개의 한글자를 활용하여 설명하겠습니다.

우선, 친구와는 서로 '노력하는 마음'을 가져야 합니다.

'노력하다'라는 글자는 end로 시작하는 endeavor입니다. 친구와 만나다보면 더러 오해도 생길 수 있고 의견차이로 갈등을 겪을 수도 있습니다. 그런 일이 있을 때 일방적으로 사과해오길 기다리거나 상대가 먼저 손 내밀 때까지 아무 일도 하지 않고 기다린다면 이는 진정한 친구로서의 행동은 아닙니다. 불편해지고 소원해진 관계를 풀려고 노력하는 것이 끝까지 친구관계를 유지할 수 있는, 위험한 고비를 넘길 수 있는 마음자세입니다.

두 번째로는 친구에게 자꾸 '주려는 마음'을 가져야 합니다.

'주다'라는 의미는 역시 end로 시작하는 endow입니다. 친구에게 자꾸 받으려는 마음만 가지면 관계의 지속이 어렵습니다. 이는 물질적인 것만을 주라는 의미가 아니라 항상 친구의 마음을 살피고 헤아려서 친구의 마음에 거스르는 말이나 행동을 삼가는 것이 중요합니다. 그래서 친한 친구일수록 예의를 지켜야 합니다. 허물없는 사이일수록 말을 함부로 하여 상대의 마음을 섭섭하게 만드는 일을 초래해선 안 됩니다. 친구관계를 오래 유지하려면 좀 더 신중한 말과 행동을 할 필요가 있습니다.

마지막으로 친구에 대해 '인내하는 마음'을 가져야 합니다.

'인내하다'는 뜻 역시 end로 시작하는 endure입니다. 친구끼리 서로 도와주고 노력하는 마음을 꾸준히 가지면 친구관계 유지에 문제는 없겠지만, 때로는 생각지도 못한 변수가 생겨 관계를 그르칠 수도 있습니다. 친구가 어려움에 처해 있을 때, 외면하지 않고 일이 해결될 때까지 인내심을 가지고 기다려주는 것이 중요합니다. 그리고 많은 사람들이 친구의 말과 행동에 부정적인 태도를 보일 때에도 그 친구에게 끝까지 믿음을 보여주면 친구는 그 변함없는 우정에 고마움을 느낄 것입니다. 세상 모든 사람들이 친구에게 등을 돌릴 때에도 친구에 대한 믿음으로 일관된 행동을 보이면 그 친구와의 관계는 영원히 지속될 수밖에 없습니다.

필자에게는 한국인 친구들은 물론이고 외국인 친구들이 많습니다. 그 중 칼렙 코니시Caleb Cornish란 젊은 친구와 나누었던 우정을 잊을 수 없습니다. 미국 미시간 주의 소도시에서 온 이 친구는 음악과 사진을 아주 좋아하는 철학적이고 사색적인 청년입니다. 처음 그 친구를 만나자마자 제가 했던 말은 "한국의 모든 것을 맛보여 주겠다(I'll let you taste every inch of Korea)"는 것이었습니다. 그 친구는 아구찜같이 매운 음식도 땀을 뻘뻘 흘리며 먹고, 크리스천인데도 부처님 앞에 삼배를 하라면 그대로 따라 했습니다. 이렇게 그는 한국문화에 대한 절대적인 존중의 태도를 보여주었습니다.

그는 이 책의 내용처럼 영어단어 속의 또 다른 단어로 인생의 의미를 찾아내는 것을 좋아합니다. 그와 처음 만났을 때도 flower 안에 있는 low로 겸손을 설명하는 방법에 매료되어 계속 만남이 유지되었던 것입니다. 지금은 미국으로 돌아간 그와 다시 만날 날을 기대하고 있습니다.

세상을 살아가는 데 좋은 친구가 있다는 것은 큰 복입니다. 삶의 희로애락을 함께 나눌 수 있는 친구가 있다는 것은 또 하나의 가족이 생긴 것과 마찬가지입니다. 그러니 끝까지 함께 갈 수 있는 친구가 주변에 많다는 것은 많은 재물을 쌓아놓은 것보다 더 가치 있는 일입니다. 재물은 있다가도 없어질 수 있지만 좋은 친구는 불변의 진리처럼 영원히 사라지지 않기 때문입니다. 살아가는 이유 중 하나로 친구가 있어서, 라고 손꼽는다면 그는 행복한 사람입니다. 또한 동성친구뿐만 아니라 이성친구도 폭넓게 사귀어야 이성에 대한 이해의 폭도 넓어집니다. 그렇지 않으면 자기도 모르게 형성된 이성에 대한 편견이나 고정관념에서 벗어나기 힘듭니다.

결국 친구와 오랜 우정관계를 유지하려면 나만 옳다는 생각을 내려놓고 친구와 내가 둘이 아닌 하나라는 생각을 가질 때 가능해집니다. 나만 옳다는 생각에서 벗어나면 항상 양보하고 배려하는 마음이 생길 것이고, 친구와 내가 둘이 아닌 하나라는 생각을 가지게 되니 그가 아파하고 힘들 때 결국 내 일처럼 친구를 도와주게 되는 것입니다. 그러니 친구와 끝까지 가려면 friend 안에 end가 들어 있음을 명심하기 바랍니다. 또한 평생을 함께할 친구를 위해 노력하는 마음, 주려는 마음, 인내하는 마음을 실행하기 바랍니다.

tear 눈물 흘리는 이에게
따뜻한 차 한 잔 내어주라

위로

❦ ❦ ❦ 우리 주변에 어려운 일을 겪고 힘들어하는 사람들이 많습니다. 그러나 살기 힘들고 각박해져가는 세상에서 타인에게 선뜻 온정의 손길을 내미는 것은 결코 쉬운 일이 아닙니다. 타인의 어려움을 외면하지 않고 조금이라도 이웃의 고통에 귀기울이며 이에 공감하고 나누려는 마음가짐이야말로 살기 좋은 세상을 만들어가는 방법 중 하나입니다. 그렇다면 어떻게 해야 힘든 상황에 처해 있는 사람들의 아픔과 고통을 함께 나누며 이들을 위로해줄 수 있을까요?

힘들어하는 사람의 말을 들어주고 공감을 해야 합니다.

어려운 일을 겪어 힘들어하는 사람에게 진정한 위로가 되려면 이들의 고통이 무엇인지 헤아릴 줄 알아야 합니다. 섣불리 위로의 말을 던지기보다는 이들이 말하는 고통의 호소에 귀기울여야 합니다. 무엇보다 상대의 고통에 공감하는 것이 중요합니다. 힘들어하는 상대 아픔을 내 아픔처럼 받아들이며 상대가 하는 말을 차분히 들어주어야 합니다. 이렇게 잔잔하게 말을 들어주는 것만으로도 상대는 조금씩 고통의 무게를 덜어낼 수 있습니다. 그렇게 할 때 상대는 세상에 혼자가 아님을 깨달아가며 조금씩 절망에서 벗어날 힘을 얻게 됩니다.

자신이 겪은 경험을 힘들어하는 사람에게 용기있게 말할
수 있어야 합니다.

만약 자신이 겪은 경험이 지금의 힘든 처지에 있는 사람에게 위로
가 될 수 있다고 판단된다면 용기있게 상대에게 자신의 경험을 이야
기해주길 바랍니다. 상투적이고 의례적인 말은 결코 그 사람의 고통
을 덜어주는 데 아무런 도움이 되지 않습니다.

미국의 토크쇼 진행자 오프라 윈프리가 시청자들 앞에서 눈물을
머금으며 자신이 어릴 때 성폭행 당한 경험을 용기 있게 고백한 적 있
습니다. 차마 쉽사리 입 밖에 낼 수 없는 고통의 기억이기에 이와 비슷
한 경험으로 고통받는 여성들에게 공감대를 형성하며 크나큰 위로를
주었습니다. 그녀의 용기있는 고백으로 수많은 여성들이 과거의 지
울 수 없는 상처에서 벗어나 삶의 희망을 얻을 수 있었습니다.

아이가 어렸을 때 엘리베이터 사고를 당한 적이 있습니다. 9시 뉴스
에 나올 정도로 큰 사고였습니다. 아이가 너무 심하게 다친 것도 힘겨
웠지만, 사고와 관련된 사람들이 병원에 와서 제대로 수습할 기미를
보이지 않았을 뿐더러, 주위에서 아이 아버지가 거액의 합의금을 요
구한다는 이상한 소문마저 퍼지면서 이중 삼중의 고통을 겪어야 했
습니다. 심지어 엘리베이터 수리기사가 실형을 선고받았을 때는, 판
사를 매수했다는 말까지 들었습니다. 어떻게 피해를 당한 사람에게
이렇게까지 가혹할 수 있을까 이 일을 저지른 상대가 원망스럽기 그
지없었습니다. 하지만 나중에는 정부기관인 승강기안전관리원의 원

장과 직원들이 집까지 찾아와서 사건에 대한 책임을 지는 자세를 보였습니다. 아이의 사고 사례를 직접 인터뷰 영상으로 담아갈 정도로 사고에 의연히 대처하면서 이 사건은 일단락되었습니다.

그래서 '세월호 사고'가 난 후 진실규명을 요구하는 부모들에게, 보상금에 눈이 어두워 아이를 팔아 농성을 하고 있다는 비난의 말을 퍼부을 때 가슴이 정말 아팠습니다. 저 또한, 사고를 당한 부모는 그렇게 돈을 우선시하지 않는다는, 비슷한 경험을 했기에 자식을 잃은…… 그 부모님들의 고통을 조금이나마 이해할 수 있었습니다.

'당신이 만나는 모든 사람은 당신이 모르는 싸움을 하고 있는 중이다(Everyone you meet is fighting a battle you know nothing about)'라는 말이 있습니다. 지금 내 앞에서 웃고 있지만 마음은 무거운 납덩이를 담고 사는 사람들이 많습니다. 눈에 보이는 힘든 상황을 겪고 있는 사람도 있지만 누구나 조금씩 남들에게 말할 수 없는 고충을 가슴에 담고 살아갑니다. 그러니 이런 가슴앓이를 하는 사람들이 화를 내고 짜증을 내는 마음을 이해하고 받아들여 주세요. 이해받으려 하지 말고 이해하려는 마음을 내는 것이 더 행복한 마음입니다. 사랑받으려 하지 말고 사랑하는 마음을 품는 것이 더 성숙한 마음입니다.

'눈물'을 뜻하는 tear에는 '차'를 의미하는 tea가 들어 있습니다. 어려운 일을 당해 힘들어하는 사람에게 정성을 담은 차 한 잔을 주며 위로하라는 뜻으로 tear 안에 tea가 들어 있다고 생각하세요. 또한 '곡일불가 哭日不歌'라는 말이 《논어》에 나옵니다. '초상집에 다녀온 날은 노래를 부르지 않는다'는 공자의 가르침입니다. 타인의 슬픔을 진심으로 나누려는 마음이 느껴지는 말입니다. 《어린 왕자》의 작가 생텍쥐페리는 "남을 위해 흘리는 눈물은 모든 사람들의 가슴속에 숨어 있는 보석이다"라고 말했습니다. 차는 물에 들어가 물을 변화시킵니다. 고통을 겪는 이의 눈물이라는 액체도 따뜻한 차 한 잔으로 다르게 변화될 수 있겠죠. 그 차 한 잔은 세상에서 가장 따뜻한 위로가 될 것입니다.

beggar

걸인에게 계란이라도 베푸는
마음을 내라

✿ ✿ ✿   남에게 자신이 가진 것을 베푸는 것을 '보시'라고 합니다. 내게 있는 재물로 남에게 보시할 수도 있지만 재물이 아니라도 자신이 가지고 있는 것만으로 얼마든지 보시할 수 있습니다. 우선 몸으로 하는 보시가 있습니다. 얼마 전 일간신문에서, 창원의 어느 병원 이사장이 직원들과 함께 20년 동안 병원 근처와 인근 상가를 청소했다는 기사를 읽은 적이 있습니다. 이렇게 돈이 아니라 몸을 움직여 남에게 보시할 수 있는 방법은 아주 많습니다.

필자도 가방에 비닐주머니와 집게를 가지고 다니면서 신호등이 있는 건널목에 설 때마다 주변에 버려진 담배꽁초나 자잘한 쓰레기를 주워 담습니다. 신호등에 선다는 것은 욕망을 멈추는 상징적 행위이고 꽁초를 줍는다는 것은 이웃에게 도움되는 일을 하는 것입니다. 이 일을 통해 '위로는 깨달음을 얻고 아래로는 중생을 위하는' 상구보리 하화중생上求菩提下化衆生을 생활 속에서 실천하려고 노력해봅니다.

그리고 환한 얼굴과 부드러운 말로도 얼마든지 남에게 보시할 수 있습니다. 미소 지은 얼굴과 따뜻한 말 한마디가 얼마나 사람의 마음을 위로하는지 실행해보면 금방 알 수 있는 일입니다. 또한 보시 중에 '무외시無畏施'라는 보시는 '마음속에 두려움을 없애주는 보시'를 말합니다. 크고 작은 일 때문에 마음의 두려움을 가진 이를 편안하게 해주는 일이야말로 진정한 보시라고 할 수 있습니다. 그래서 '두려운'이란 뜻을 가진 afraid라는 한글자에 '도움'을 의미하는 aid가 들어 있나 봅니다.

몇 년 전 일입니다. 아주 무더운 여름 어느 날, 시원한 에어컨이 나오는 식당에서 밥을 먹는데 한 할머니가 들어오셔서 무언가를 팔려고 식당주인에게 열심히 설명하고 있는 모습을 목격하게 되었습니다. 그런데 식당에서 단 하나도 팔 수 없게 되자 할머니 얼굴은 순식간에 실망이 가득한 얼굴로 변했습니다. 이를 감지한 나는 얼른 밥값을 치르고 식당문을 나서는 할머니 뒤를 따라가 보았습니다.

할머니가 식당주변 가게들을 전전하는 것을 물끄러미 지켜보았는데 판매가 영 신통치 않은 듯 보였습니다. 땡볕 더위에 많이 지쳐 보이기도 했습니다. 안타까운 마음에 할머니에게 다가가 무얼 파시냐고 여쭤봤더니 경기도 연천의 산에서 딴 '오디'라 했습니다. 맛도 좋고 몸에도 좋다는 말을 힘주어 강조하시는 것도 잊지 않으셨습니다.

"얼마치를 줄까" 하고 물으시기에 남은 거 그냥 다 달라고 말씀드리니 처음으로 할머니 얼굴에 화색이 도는 것이었습니다. '오디'를 몽땅 사자 그때서야 제 마음이 한결 홀가분해졌습니다. 동시에 아주 잠시이겠지만, 할머니 마음 또한 한결 가뿐해지셨으면 좋겠다는 생각이 들었습니다. 이처럼 자그마한 관심과 도움을 주고받으면서 서로 간에 훈훈한 정을 나누는 행위가 세상사는 맛 아닐까요? 대가를 바라지 않고 주는 작은 마음이야말로 세상에서 가장 큰 보시임을 할머니의 환해진 얼굴에서 느낄 수 있었습니다.

아무 대가를 바라지 말고 그냥 보시하세요.

보시할 때 가장 중요한 것은 뭔가 바라는 마음을 가지지 않는 것입니다. 바라는 마음이 생기면 대가가 돌아오지 않은 것 때문에 고통스러운 일이 생길 수 있습니다. 보시를 하면서 대가를 바라지 않는 대신 상대의 성공을 바라는 마음을 가져보세요. 그러면 뭔가 대가를 바라는 마음의 집착에서 벗어날 수 있을 것입니다. 이렇게 가진 것이 없이도 보시할 수 있고, 바라는 바 없이 상대에게 보시하는 마음이 진정한 마음입니다.

보시를 일상에서 실천할 수 있도록 한글자를 알려드릴게요. 바로 beggar입니다. '거지'라는 뜻의 beggar에는 '계란'을 의미하는 egg가 들어 있습니다. 거지는 항상 굶주림의 고통을 안고 삽니다. 그 거지에게 한 끼를 해결할 수 있는 삶은 계란을 준다면 그는 기쁜 마음으로 받을 것입니다. 게다가 그에게 부화 가능한 계란들을 나누어주어 홀로 자립할 수 있게 돕는다면 그것처럼 큰 보시는 없을 것입니다.

《희망의 인문학》의 저자인 얼 쇼리스(1936-2012)는 노숙자들에게 스스로의 삶을 성찰하게 해서 그들에게 자존감과 삶의 희망을 심어주는 인문학 강의로 유명합니다. 그렇습니다. 배고픔의 고통을 없애주는 것도 중요하지만 이들에게 제2의 삶을 살 수 있도록 인생의 의미를 일깨워주는 것이야말로 진정한 보시라 할 수 있습니다.

우리는 모두 연결되어 있습니다. 마리 산토리니 마을의 주택들처럼 말이죠. 세상에서 일몰이 가장 아름다운 곳으로 손꼽히는 그리스의 산토리니 마을은 절벽에 집을 지었기에 이곳의 집들은 한 집의 옥상이 동시에 다른 집의 베란다가 됩니다. 이렇듯 우리는 서로 뗄 수 없이 연결되어 있습니다. 우리가 보시를 하는 것은 이렇게 나와 남이 서로 다르지 않기 때문입니다. 타인의 아픔, 고통을 내 것처럼 받아들이며 그 연민의 마음으로 보시를 할 때 세상에서 가장 아름다운 풍경을 만들어낼 수 있습니다. 남에게 보시를 하는 순간, 자비심이 마음 가득 넘쳐나며 감춰져 있던 나의 고통이 줄어드는 놀라운 경험을 하게 됩니다.

혹시 여러분은 전철역을 오가며 눈에 띄는 노숙자들을 볼 때마다 그냥 무심코 지나치지 않으셨나요? 냉골의 시멘트바닥에 종이박스를 지붕삼아 누워 있는 이들을 지나치며 가슴 아픈 적은 없으신가요? 집 잃고, 가족 잃고, 마음 둘 곳 없어 마지막 길거리를 떠도는 이들의 모습이 왠지 낯설지 않게 다가오는 이유는 뭘까요?

이제부터라도 길거리에서 노숙자들을 발견하면 잠시, 서둘러 옮기던 발걸음을 멈추어보길 바랍니다. 한 번쯤 이들을 연민의 눈길로 바라보며 진정한 '보시'란 무엇인가 그 의미를 되새겨보는 것은 어떨까요.

tongue

혀를 종처럼 무겁게 하고
말할 때는 종처럼 은은하게 하라

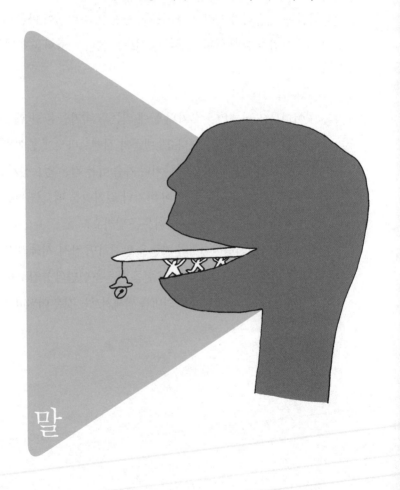

말

❦ ❦ ❦ '혀는 화를 부르는 문'이라 했습니다. 입을 잘못 놀려 폐가망신하는 경우는 역사에 그 사례가 허다합니다. 그것은 모두 세 치 혀를 가볍게 놀려서 생긴 일입니다. 듣는 상대를 전혀 고려하지 않고 자기만을 생각하고 경망스럽게 혀를 놀려대다가는 다 된 밥에 재 뿌리는 격으로 공든 탑이 무너지고 맙니다. 혀를 가볍게 놀리기보다는 귀를 더 많이 사용하기 바랍니다. 귀를 많이 사용하면 할수록 상대적으로 혀는 무거워집니다.

혼히 '혀를 무겁게 하라' 라는 것은 말을 하지 말라, 침묵하라는 뜻은 아닙니다. 내 말을 가볍게 여기지 말 것이며, 상대방의 말 또한 가볍게 대응하여 말하지 말라는 뜻입니다.

상대에게 말을 할 때는 종소리가 고요히 울리듯, 상대방 마음에 은은히 울리도록 말을 하세요. 상대방 마음에 은은하게 울리는 말이란, 혀를 무겁게 하여 고요해진 마음에서 나오는 진심어린 말 자체가 상대방 마음에 은은히 새겨지게 하라는 의미입니다. 이렇게 신중을 기하여 말을 전달하면 내 진심어린 마음이 상대에게 전해지며 상대와 내가 서로 둘이 아닌 하나가 되는 경험을 하게 될 것입니다.

진심을 다해 들으면 혀는 무거워지고, 진심을 다해 말하면 상대의 마음에 은은한 울림을 줄 것입니다.

그러니 평소에 혀를 '종'이라 생각하고 혀를 무겁게 하며, 혀로 말할 때에는 상대방 마음에 은은한 울림을 남길 수 있도록 진중하게 훈련하기 바랍니다. 이런 마음을 유지하려면 평소에 마음을 고요히 하는 훈련을 해야 합니다. 마음이 평소 중심을 잡지 못하고 분주하기 때문에 어느 순간 습관처럼 말을 함부로 내뱉으며 상대 마음에 상처를 주는 것입니다.

말을 함부로 내뱉는 것이 습관이 되어 있다면, 이 같은 행동이 상대 마음에 깊은 상처를 줄 수도 있다는 사실을 모르고 살아온 결과입니다. 그래서 '입'을 의미하는 mouth에 '밖으로'라는 뜻을 가진 out이 있나 봅니다. 입 밖으로 나오는 말을 조심하라는 뜻이 숨어 있네요. 자신의 말로 인해 상대가 얼마나 마음이 언짢았는지, 얼마나 상대 마음에 상처를 주었는지 전혀 모르고 살고 있는 셈입니다. 그런 사람의 경우, 경솔하게도 상대가 말할 틈도 없이 나의 말만 하게 됩니다. 그래서 혀를 종처럼 무겁게 하라는 것입니다.

혀는 고요하게 말하기 위해 존재합니다. 가볍게 혀를 놀려 상대에게 부담감과 상처를 주지 말아야 합니다. 상대의 상황과 상태를 살피지 않고 자기가 하고 싶은 말만 하기에 다시는 그 상대가 당신을 만나고 싶어하지 않습니다.

불가에서는 네 가지 말을 조심하라고 가르칩니다.
망어(거짓말)를 하지 말라
악구(나쁜 말)를 하지 말라
양설(이간질하는 말)을 하지 말라
기어(속이는 말)를 하지 말라

모두 혀를 무겁게 하면 지킬 수 있는 말들입니다. 말은 나의 인격을 나타냅니다. 내가 말을 고요하게 하면 상대방 얼굴에 절로 은은한 미소가 피어오릅니다. 말을 할 때는 가급적, 상대방의 얼굴에서 은은한 미소가 번지도록 고요하게 말을 하세요. 그리고 누구에게서 들은 말, 책에서 읽은 말보다는 내가 직접 경험한 말을 대화의 중심에 세우세요. 또한 상대가 어떤 분야에 관심이 있는지 헤아려서 서로 공통의 화제가 될 만한 이야기를 꺼내보시기 바랍니다. 이러한 차분한 분위기 속에서 정감어린 말들이 조용히 오가다보면 어느 덧 헤어짐이 아쉬운 시간이 다가오지요. 상대의 마음을 끌어당기는 '은은한 말'은 그렇게 힘이 셉니다. 말을 어떻게 하느냐에 따라 그 만남의 지속 여부가 결정됩니다.

몇 년 전 동두천시 마차산 자락에 있는 '무심정사'라는 절에 가본 적 있습니다. 법당에 들어가기 전에 입구의 편액에 쓰여 있는 글귀가 제 시선을 사로잡았습니다. '구무다언 신불경동 口無多言 身不輕動'이라는 글이었습니다. '말을 많이 하지 말고 가볍게 행동하지 말라'는 뜻이었습니다. 책에서 보았던 글귀보다 강렬한 느낌이 들었던 것은 역시 신성한 공간에 쓰여 있어서 더욱 그렇게 느꼈던 것 같습니다. 지금도 사람들을 만나기 전 꼭 한 번씩 이 구절을 되새깁니다. 가게에서 파는 물건도 주인이 따로 있다고 하듯, 어떤 글귀도 강렬하게 가슴에 와 닿는 사람에게는 평생의 금과옥조가 되는 것입니다.

'혀'를 뜻하는 tongue에는 무게를 재는 단위인 ton이 들어 있습니다. 절에 있는 종은 무게가 수십 톤이나 됩니다. '혀(tongue)를 수십 톤 ton의 종처럼 무겁게 하고 종처럼 은은하게 말하라' 라고 두 글자를 연결하여 항상 생각해보세요. 혀를 종처럼 무겁게 하면 평소처럼 아무 생각 없이 말하지 않을 겁니다. 혀를 무겁게 하는 동안 귀를 사용하여 상대방 말을 정성을 다해 들어줄 수 있습니다. 그리고 말하는 중간마다 상대방 말에 공감을 표해주면 됩니다.

컴컴한 계단을 오를 때마다 즉시 커지는 비상등처럼 상대방 말에 적절히 대응해주면 말하는 상대의 마음이 환해질 것입니다. 상대에게 공감받고 있다는 생각에 자신의 말을 들어주고 있는 사람에게 감사하는 마음이 절로 생길 것입니다.

believe

거짓말하지 않으면 믿음이 생긴다

신뢰

❦ ❦ ❦ '정직이 최선의 방책이다(Honesty is the best policy)'
라는 말이 있습니다. 자신의 잘못을 덮으려고 거짓말을 하면 잘못이
두 배로 늘어나니 정직하게 잘못을 인정하는 게 지혜로운 태도라는
의미를 이 속담은 담고 있습니다.

거짓말로 늑대가 온다고 마을 사람들을 여러 번 속였다가 결국은
늑대에게 양들을 모두 잡아먹힌 '양치기 소년' 이야기를 알고 있을
겁니다. '양치기'라는 뜻의 shepherd에는 '무리' 혹은 '떼'라는 의미
의 herd가 들어 있습니다. 그렇습니다. 거짓말의 혹독한 대가로 '양치
기'는 '양떼'를 모두 잃었습니다.

남에게 거짓말을 하는 것은 자신의 숨겨진 여러 모습을 위장해서
보여주는 것과 마찬가지입니다. 내 몸의 그림자는 오직 하나뿐이거
늘 타인에게 자신을 여러 모습으로 위장하여 보여주는 것만큼이나
어리석은 짓은 없습니다. 그래서 거짓말을 일삼는 사람에 대해 중국
명나라 말기에 쓰여진《채근담》에서는 이렇게 표현합니다. '독거즉
형영자괴獨居則形影自愧'라고. 즉 '혼자 있으면 그림자도 부끄러워한
다'는 뜻으로 거짓말을 손바닥 뒤집는 것보다 더 쉽게 하는 사람들을
일컫는 말이라 하겠죠.

한 사람을 속여도 모든 사람을 속일 수는 없습니다.

거짓말을 많이 하는 사람은 자신이 한 거짓말조차 기억하지 못합

니다. 그러니 '거짓말을 하려면 뛰어난 기억력이 필요하다' 는 우스갯 소리도 있는 것입니다. 또 거짓말을 습관적으로 하면 남은 잘 눈치채지 못하지만 스스로는 도금이 벗겨진 채로 사는 것과 같습니다. 황금처럼 빛나던 존재인 자신이 어느새 금칠이 다 벗겨진 허접한 조각품처럼 변질돼 있음에도 이를 모르고 살아가고 있는 것입니다.

'리플리 효과(Ripley Effect)'는 자신이 꿈꾸는 허구의 세계를 진실이라 믿고 거짓된 말과 행동을 계속하는 것을 의미합니다. 예컨대 '학력위조'가 대표적인 사례라고 할 수 있겠죠. 이처럼 거짓말은 마약처럼 중독성이 강해서 자신과 주변사람들을 망칠 수도 있습니다.

거짓말을 자꾸 하면 어떻게 될까요? 사람들로부터 점점 신뢰를 잃게 됩니다. '신뢰하다' 라는 뜻의 trust에는 '녹슬다' 라는 의미의 rust가 들어 있습니다. 그렇습니다. 거짓말을 밥먹듯이 하는 사람에 대한 신뢰는 점점 녹슬어갈 수밖에 없습니다. 상대에 대한 신뢰가 무너지면 '녹슬은 기찻길' 처럼 상대에 대한 마음이 서서히 좀먹으며 상대를 살피고 돌보려는 마음 또한 전혀 들지 않게 됩니다.

신뢰는 작은 잘못을 인정하는 데서 시작합니다. 아무리 작은 잘못이라도 상대에게 거짓말을 하지 않고 솔직해야 합니다. 작은 잘못을 하찮게 여겨 이를 속이는 사람은 결코 큰일을 해내지 못합니다. 결국 누군가의 신뢰를 얻는다는 것은 그 사람의 마음을 얻는 것과 같습니다. 진실된 말은 사람 마음속에 오래 머물지만, 거짓된 말은 오래가지 못합니다.

초등학교도 들어가기 전 아주 어릴 적 이야기입니다. 할머니가 첫 손주라 그런지 저를 무척 예뻐해 주셨습니다. 잠도 항상 할머니 품에서 잤을 정도입니다. 그렇게 할머니와 정이 깊어지면서 오히려 어머니와의 관계가 서먹할 정도였습니다.

하루는 할머니가 좋아하는 감을 사서 대문을 열고 들어가는데 어머니와 마주쳤습니다. 그런데 그 순간 당황한 나머지 그만, 허리춤 뒤로 감을 감추고 말았습니다. 어머니는 뒤에 감춘 게 뭐냐고 다그쳐 물으셨고, 나는 어머니에게 아무것도 아니라면서 거짓말을 해버렸습니다. 그때 어머니가 섭섭해하셨을 것을 생각하면 지금도 죄송한 마음뿐입니다. 할머니를 위한 마음이라지만 어머니에게 거짓말을 한 것이 오랫동안 마음에 걸렸습니다. 어린 시절 그때의 뼈아픈 후회 때문에 그래도 거짓말을 하지 않으려고 애쓰면서 살아왔던 것 같습니다.

'믿다'라는 뜻을 가진 believe 안에는 '거짓말하다'라는 뜻의 lie가 들어 있습니다. believe 안에 lie가 들어 있다는 것은 거짓말을 하지 않아야 믿음이 생긴다는 것을 상징적으로 보여줍니다. 믿을 신信자는 사람(人)이 하는 말(言)로 되어 있습니다. 사람이 하는 말이 진실되어야 믿음이 생긴다는 것을 이 글자를 통해 알 수 있습니다.

heart

상대의 말을 귀가 아니라
온 마음으로 들어라

경청

❦ ❦ ❦　　　우리는 상대와 대화할 때 상대방이 하는 말을 소리로만 듣습니다. 그러니 그 사람의 진심을 잘 알지 못합니다. 남의 말을 건성건성 듣는 사람은 삶도 상투적으로 살 수밖에 없습니다. 상대의 마음은 내가 열 수 없습니다. 손잡이가 상대방 쪽으로 나 있기 때문입니다. 오로지 상대의 말을 경청할 때에만 상대의 깊은 마음을 들을 수 있습니다. 그래서 경청은 상대에게 줄 수 있는 가장 큰 선물입니다. 진심으로 상대의 말을 들어주는 것이 그 어떤 충고보다 가치 있습니다.

"말하는 것은 지식의 영역이고 듣는 것은 지혜의 영역"이라고 미국의 의학자이자 시인 올리버 홈스(1809-1894)가 말한 바 있습니다. 그래서 입이 하나이고 귀가 둘인 것입니다.

그런데 귀로 듣기만 하나요? 귀로 볼 수는 없나요? 눈으로 보기만 하나요? 눈으로 들을 수는 없나요? 이것이 경청하는 방법입니다. 눈과 귀를 온통 듣는 데 집중하는 것입니다. 상대방의 맥박이 들릴 정도로 경청하는 것입니다. 말은 밖으로 향하는 것이지만 듣기는 내 마음을 안으로 향하게 하는 것입니다. 마음으로 들으면 마치 깔때기의 작은 입을 통해 통안으로 물을 모두 받아내듯 상대의 마음 전부를 흡수할 수 있습니다. 그리고 보니 귀의 모양이 깔때기 같지 않나요? 귀는 입보다 작은 구멍으로 상대가 하는 모든 말을 다 빨아들일 수 있습니다.

귀로 보고 눈으로 듣는 것이 진정한 경청의 자세입니다.

상대방 말을 들어주고 적당한 때에 맞장구치는 것은 어두운 계단을 오를 때 센서등이 켜지는 것처럼 상대에게 기쁨을 주는 일입니다. 내가 진심으로 들어주고 맞장구쳐주면 상대도 내게 진심을 말하게 됩니다.

애너그램anagram은 단어의 순서를 바꾸어 다른 단어를 만드는 놀이입니다. 예를 들어 time이란 단어에 애너그램을 적용하면 item, mite, emit와 같은 새로운 단어가 만들어집니다. '듣다'라는 뜻의 listen이란 단어에 애너그램을 적용하면 silent라는 단어가 만들어집니다. 그렇습니다. 듣는다는 것은 침묵을 전제로 합니다. 내 마음을 고요하게 해야 상대가 말을 통해 전하고자 하는 진심을 들을 수 있습니다.

마음에 정성이 없고 오만한 마음만 있으면 상대방 말을 진심으로 듣지 못합니다. 어린 나이에 장원급제한 맹사성(1360-1438)이 한 선사를 찾아가 가르침을 구하러 갔을 때 스님이 "나쁜 일을 하지 말고 좋은 일만 하세요"라고 하자 "그런 건 삼척동자도 다 안다"면서 오만을 부렸답니다. 그러자 스님이 찻잔이 넘치도록 차를 따르고 있었습니다. 당황하여 연유를 물으니 스님이 이렇게 답합니다. "찻잔이 넘쳐 방바닥을 적시는 것은 알고 어찌 지식이 넘쳐 인격을 망치는 것은 모르십니까?" 제악막작 중선봉행諸惡莫作衆善奉行, 즉 '악을 행하지 않고 선을 행하는 것이 사람이 행해야 할 가장 중요한 가치'라고 할 수 있는데 맹사성은 이를 가벼이 받아들였던 것입니다. 이에 맹사성이 크게 깨닫고 이후 조선의 명재상이 되었습니다. 상대의 진심을 제대로 헤아리는 것이 얼마나 중요한지를 알 수 있는 예화라고 할 수 있습니다.

귀는 'ear'입니다. 귀가 하는 일은 듣는 것입니다. '듣다'는 hear입니다. 그런데 말을 들을 때 귀로 소리만 듣는 것이 아니라 상대의 마음을 듣는 것이 중요합니다. '마음'은 heart입니다. 상대의 말을 소리로만 듣는 것이 아니라 마음으로 들어야 한다는 의미로 보면 heart 안에 hear가 있다는 것은 시사하는 바가 크다고 할 수 있습니다.

이렇게 상대의 말을 소리가 아닌 마음으로 듣는다면 경청을 '예술'의 경지로 끌어올린 것이라 말할 수 있겠죠. heart에는 hear만 들어 있는 것이 아니라 art도 들어 있습니다. 달을 가리킬 때는 달을 봐야지 손가락끝을 보면 안 되듯 사람의 소리를 듣지 말고 그 사람의 마음을 들어야 합니다.

Stone

칭찬이나 비난에 돌처럼 한결같아라

✤ ✤ ✤　　노자(BC 604?-?)의《도덕경》에 '총욕약경寵辱若驚'
이란 말이 나옵니다. 있는 그대로 풀이하면 남에게 총애를 받거나 모
욕을 느끼는 것을 마치 놀라는 것처럼 하라는 말입니다. 남의 칭찬과
비난에 휘둘리지 않는 경지에 이르기를 지향하는 말이기도 합니다.

　　우리는 타인의 비난과 칭찬에 민감하게 반응합니다. 남이 비난하
면 마음 상하고 남이 칭찬하면 흐뭇해합니다. 우리가 살아가는 이유
중의 하나가 바로 '인정욕구'입니다. 타인에게 인정받아 칭찬을 받으
면 기분이 좋고 비난을 받으면 기분이 나빠지는 것은 '인지상정'이라
고 할 수 있을 겁니다.

　　우선 '비난'에 대해서 먼저 살펴볼까요. 살다보면 이런저런 핀잔 섞
인 잔소리, 나를 헐뜯는 험담 그리고 간접적으로 들려오는 나 없는 곳에
서의 힐난 등에 마음이 쓰여 힘들고 답답할 때가 누구나 있을 겁니다. 한
방울의 먹물이 컵을 온통 검게 물들이듯 상대의 말 한마디가 내 삶을 송
두리째 흔들어놓을 수도 있습니다. 그런 말들은 나의 마음과 영혼을 탁
하게 하는 먹물과 같습니다. 그래서 스스로를 자책하게 됩니다. 타인에
게 비난을 받았을 때 떠올릴 수 있는 말이 '견모불욕見侮不辱'입니다. 모
욕을 당해도 이를 치욕으로 여기지 않는다는 말입니다. 비난에 흔들리
지 않고 의연함을 유지하고 싶을 때 꼭 떠올리기 바랍니다.

　　또 칭찬은 어떤가요? 칭찬을 받고 기분 좋은 것은 당연한 것입니다.
그러나 칭찬을 받으면 들뜨게 됩니다. 그리고 그 좋은 기분에 집착하
게 됩니다. 그 좋은 기분을 계속 유지하고 싶어집니다. 그러나 사람의

좋은 감정은 사라지게 되어 있습니다. 그것을 오래 붙잡고 있는 것은 어리석은 짓입니다. 이로 인해 또 다른 칭찬을 받으려는 것에 다시 집착하는 우를 범하게 마련입니다. 이렇게 칭찬 받아 마음이 들뜰 때 떠올릴 수 있는 말이 바로 '공성이불거功成而不居'입니다. '공을 세우고 거기에 머무르지 않는다'는 뜻이겠지요.

**비난을 받았을 때 '견모불욕見侮不辱'을 떠올리고,
칭찬을 받았을 때 '공성이불거功成而不居'를 떠올리세요.**

이렇게 비난과 칭찬에 흔들리지 않는다면 그 사람은 '여여如如'한 상태에 있다고 할 수 있겠죠. 여여한 상태는 비난을 받거나 칭찬을 듣는 것에 대한 분별이 끊어진 마음이라고 할 수 있습니다. 여여한 상태란, 비난받아 우울해 있거나 칭찬받아 들떠 있는 상태보다 훨씬 평화로운 마음이라고 할 수 있습니다.

'돌'이라는 뜻의 stone에는 '하나'라는 의미의 one이 들어 있습니다. '비난이나 칭찬에 휘둘리지 말고 돌(stone)처럼 한결(one)같아라'라고 두 글자를 연결시켜 생각해보세요. 그렇습니다. 비를 맞든 햇빛을 받든 그 자리에서 변함없는 돌처럼 어떤 비난이나 칭찬에도 크게 마음 쓰지 말고 그냥 내 갈 길을 가세요. 상대방의 비난이나 칭찬을 마음에 담아두지 말고 그냥 흘려보내세요. 냇가에 있는 돌조차 물을 붙잡지 않고 밑으로 흘려보냅니다. 그러니 비난이나 칭찬에 휘둘리지 않고 "소리에 놀라지 않는 사자처럼, 무소의 뿔처럼 혼자서 가라!"라는 말을 가슴에 담고 당당하게 앞으로 걸어가길 바랍니다.

Close

마음을 닫으면 다 잃는다

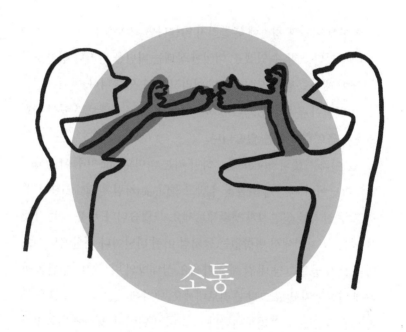

소통

❦ ❦ ❦ 　　독일의 철학자 헤겔(1770-1831)은 "마음을 여는 손잡이는 마음의 안쪽에만 달려 있다"고 말했습니다. 내가 먼저 마음의 문을 열어야 상대와 진정한 소통을 할 수 있다는 말이겠지요. 내가 마음의 문을 닫고 있으면 사람들은 나를 맹수처럼 두려워하며 가까이 다가오지 못합니다. 마음을 닫으면 스스로를 감옥에 가두는 것이나 다름없습니다. 그러니 마음을 열고 상대방에게 손을 내밀어야 합니다. 그래야 내가 내민 손을 상대가 잡아줄 수 있습니다. 마음을 닫는다는 것은 벽을 세우는 것과 같습니다. 그러나 마음의 벽을 허물면 세상의 어느 누구와도 소통할 수 있습니다. 마음의 벽이란 내가 옳다는 아집, 좋게 말하면 '분별심'입니다. 그 분별심을 내려놓으면 모든 사람을 차별 없이 대할 수 있습니다.

"세상에서 가장 오래 걸리는 여행은 머리에서 가슴에 이르는 여행"이라고 김수환 추기경이 말한 바 있습니다. 내가 옳다는 고집을 버리고 상대와 진정으로 공감하고자 한다면 이 세상에 불가능한 소통은 없습니다.

상대와 소통하려면 내 말만 계속해서는 안 됩니다. 내 전화가 계속 통화중이라면 상대가 나에게 연락을 취할 수 없듯, 상대가 자신의 생각에 대해 말할 수 있는 기회를 주어야 합니다. 일방통행이 아니라 쌍방통행이 되도록 해야 한다는 말입니다. 또한 권위적인 자세로 수직적인 관계에 놓이면 소통이 제대로 될 리 없습니다. 언제나 대등한 자세로 수평적 관계를 유지해야 진정한 소통이 이루어질 수 있습니다.

또한 상대가 나와 의견이 다르더라도 상대의 말에 귀를 기울어야 합니다. 프랑스 철학자 볼테르(1694-1778)는 자신과 의견이 다른 이에게 다음과 같이 편지를 쓴 적 있습니다.

'당신의 글을 경멸하지만, 당신이 계속 글을 쓸 수 있도록 목숨을 걸겠습니다.' 이것이 바로 톨레랑스tolerance, 즉 관용의 정신입니다. 이처럼 소통은 상대에 대한 이해를 전제로 합니다. 그러니 상대방과의 진정한 소통으로 갈등을 최소화할 수 있습니다.

소통은 이해를 만들어내지만 불통은 갈등을 만들어냅니다.

한번은 미국인친구 둘과 원효스님 수행처로 유명한 소요산 자재암에 간 적이 있습니다. 독실한 기독교신자이면서도 마음을 열고 부처님 전에 삼배 올리는 두 친구가 인상적이었습니다. 진리를 온몸으로 받아들이려는 자세가 보였습니다. 절을 마치고 난 후 법당 안에 있던 비구니스님인듯 보이는 분이 두 미국인이 던지는 불교에 대한 질문에 영어로 유창하게 답을 해주는 모습을 옆에서 지켜보았습니다.

그런데 알고 보니 이분은 여승이 아니라 미국에서 오랫동안 사목 활동을 하다가 스스로의 신앙을 깊이 다지기 위해 머리를 깎고 몸소 불법을 체험하려는 목사였습니다. 종교 간의 벽을 허물고 진정한 소통을 하려는 그 자세가 참으로 보기 좋았습니다.

'닫다'라는 뜻의 close에는 '잃다'라는 의미의 lose가 들어 있습니다. 그렇습니다. 상대방의 다른 의견에 마음을 닫으면(close), 결국 다 잃습니다(lose). '소통'이란 마음을 여는 것입니다. 여는 척하고 자신만의 것을 고집하는 것이 아닙니다. 소통이란 상대가 내 안에 들어올 '여백'을 만드는 일입니다.

소통할 수 있는 좋은 방법을 알려드릴까요. 직접 펜을 들어 진심을 담은 글을 써서 상대에게 전해보세요. 그러면 상대의 마음도 열릴 것입니다. 그래서 open이란 말에 pen이 들어 있는 것입니다. 정성을 다해 펜으로 쓴 글에 마음을 열지 않을 사람은 없을 겁니다. 그리고 close는 '닫다' 라는 뜻 이외에 '가까이' 라는 뜻이 있습니다. 마음을 열고 나와 의견이 다른 사람과 소통을 하려는 자세를 가지면 누구와도 '가까워' 질 수 있을 것입니다.

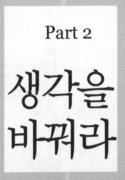

Part 2

생각을
바꿔라

Change

절벽에 매달려 있는 것처럼
절박해야 변화가 일어난다

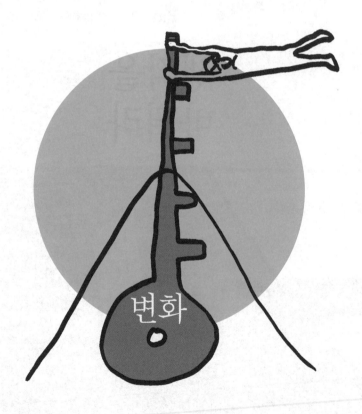

변화

❦ ❦ ❦ 급변하는 세상 속에서 그 흐름에 발맞추기 위해서는 나 또한 변화해야 합니다. 그런데 오랫동안 길들여진 습성 때문에 이를 버리고 과감히 변화의 흐름을 타기란 그리 쉽지만은 않습니다. 개인이나 사회, 나아가서 국가가 기존의 틀을 깨고 새로운 삶, 새 시대를 맞이하고자 할 때는 수많은 저항에 부딪힐 수밖에 없습니다. 우리는 대개 어떻게 하면 자신의 삶이 변모되고 사회가 달라질 수 있는지 이론적으로는 잘 알고 있지만, 나 자신을 내부로부터 변화시켜 행동하고 나아가서 사회를 주체적으로 변모시키는 일에 즉각 동참하지는 못합니다.

우리 인간은 어리석게도 지금 당장 고쳐야 하고, 바꿔야 하는 그 '절박성'이 나를 압박해오지 않는 한, 변화를 자꾸 미루려는 습성이 있습니다. 그런데 더 큰 문제는 정말로 변화를 요할 때 정작 본인은 스스로의 삶을 바꿀 준비가 되어 있지 않아 나중에 더욱 혹독한 대가를 치르게 된다는 점입니다.

누구나 오랜 세월 살아오면서 자신에게 무엇이 부족한지, 이것만은 정말 고치고 싶다는 소망 같은 것이 있습니다. 아주 사소한 단점 같지만, 삶 전체를 뒤흔들 수도 있는 그런 결점들……. 그러면서 이번에는 고치겠다, 고칠 수 있다, 나는 달라질 수 있다 등 마음먹지만 단지 생각에만 머물러 있을 뿐, 적극적으로 실천에 옮기지 못하는 경우가 태반입니다. 자신의 단점을 고치고 삶을 변화시키기란 그만큼 어렵습니다. 결국 생의 위기를 맞이하는 절박한 상황이 와서야 뭔가에 쫓기듯 허둥대며 변화에 합류합니다. 그런데 이런 수동적인 절박함 속에서 진정, 자신의 내부로부터의 변화를 이룰 수 있을까요?

그래서 제안하건대, 자신을 한번 의도적으로 '절박'한 상황에 세워놓고 자신의 단점을 주도적으로 고쳐나가는 훈련을 해보면 어떨까요? 예컨대 사랑하는 연인이 나의 늦잠 자는 습관을 정말로 싫어한다면, 일부러 새벽에 만나 데이트를 해보는 겁니다. 상쾌한 새벽공기를 가르며 산책을 한다거나 가까운 공원에서 운동을 해보는 것은 어떨까요. 물론 처음에는 너무 피곤하겠지만, 사랑하는 사람과 함께 하니 기분이 좋아지겠죠. 빨리 일어나길 정말 잘했다 생각하게 될 겁니다.

이렇게 적극적으로 자신의 단점을 고치는 훈련을 하다보면 예전에는 몰랐던 행복을 얻을 수 있습니다. 늦잠으로 인해 지각했던 지난날을 떠올리며 여유롭게 출근길을 즐기는 날도 오겠죠. 이때는 늦을까봐 조바심 내던 이전 마음과는 달리 음악을 들으며 출근하는 마음의 여유조차 생기게 될 겁니다. 또 어떤 날에는 불쑥 새벽 4시에 일어나 그날 할 일을 메모하며 하루계획을 세우고 있는 자신을 발견하게 될지도 모릅니다. 적극성을 가지고 자기 단점을 고치려 행동하다보면 언젠가는 자신이 목표치 이상의 지점에 도달해 있음을 발견하게 됩니다.

이렇게 변화는 자신을 사랑하는 방식입니다. 자기 내면에 있는 장애를 하나하나 이겨내가며 조금씩 자신의 목표에 다가서는 것입니다. 이때 중요한 것은 하지 않으면 안 되는, 절박한 상황을 스스로 만들어내야 한다는 점입니다. 그리고 이러한 상황에서 수없이 넘어지고 넘어져도 다시 일어나 변화하겠다는 의지를 다져야 합니다. 그러다 보면 언젠가는 자신이 예전과는 다른, 변화된 존재로 거듭나 있음을 발견하게 되겠죠.

변화는 절박하고 절실해야 일어납니다.

변화를 위해서는 예전과는 달라진 자신의 발전된 모습을 상상함으로써 강한 동기부여를 할 수 있습니다. 꼭 단점을 고치겠다, 반드시 변화해야 한다는 절박한 동기가 부여되어야 합니다. 지금 이대로도 좋다는 안일한 생각에 머물러 있어서는 자신을 주도적으로 변화시킬 수 없습니다. 자신이 예전과 달라지면 어떤 긍정적 결과를 가져오는지 이것이 분명해야 아무리 힘들어도 변화하려는 마음을 굳건히 다질 수 있습니다. 변화는 우선 내 안, 내부로부터 시작되어야 합니다. 반드시 내부로부터의 변화를 통해 외부 변화를 이끌어낼 수 있습니다.

내가 변하면 주변이 변합니다. 다른 사람을 변화시키는 것보다는 내가 변하는 것이 훨씬 빠른, 현명한 방법입니다. 내가 변화하면 뜻하지 않은 변화가 내게 찾아옵니다. 또한 변화는 감동을 가져옵니다. 내가 그렇게 힘들게 기어오른 절벽 바위틈에서 한 줄기 물이 흘러내린다고 가정합시다. 그러면 우리는 상상할 수 있습니다. 이 가느다란 물줄기가 모이고 모여 어느 지점에서는 아름다운 폭포를 이루리란 상상 말입니다. 그렇게 변화는 조금씩 자신을 변모시키면서 아름다운 결실을 맺게 합니다. 이러한 과정이 마음속에서 확실히 그려지며 정립되었다면 변화를 결코 두려워할 일은 없게 될 것입니다. 변화의 결과는 아름다움과 감동입니다.

동해안 770km를 걸은 적이 있습니다. 동해안 길을 걸으며 편안한 길로 가기보다는 일부러 험한 바위와 절벽이 있는 길을 선택해서 간 적이 많았습니다. 그러다가 길을 잃고 절벽에 매달리는, 정말 위급한 상황에 처한 적도 여러 번 있었습니다. 자칫 한 발만 잘못 내디뎌도 그냥 시퍼런 바다로 추락하여 아무도 모르게 죽을 수도 있는 상황이었습니다. 정말 절박했습니다. 결국 아슬하게 절벽을 통과하여 목숨을 건지고서야 안도의 한숨을 내쉬었습니다.

살면서 힘들고 어려운 일에 부딪힐 때마다 그때의 기억을 떠올리면서 난관을 헤쳐 나오곤 합니다. 절벽에 매달려 있던 절체절명의 순간에 위기를 극복하였기에 그후 일주일에 한 번 단식을 한다든지, 매일 108배를 한다든지, 전국의 어느 성당에서 기도를 하거나 사찰에서 108배를 하겠다는 목표를 세워 과감히 도전할 수 있었습니다. 한계를 설정하지 않고 새로운 도전을 계속하는 과정 속에서 실로 많은 변화를 이루어낼 수 있었습니다.

'변화'라는 뜻의 change에는 '매달리다'라는 의미의 hang이 들어있습니다. 절벽에 매달려 있는 것처럼 절박해야만 변화가 일어난다는 것을 change라는 한글자가 여실히 보여주고 있습니다. 지금 내가 절벽에 매달려 있다고 생각해보세요. 벼랑 끝에서는 선택의 여지가 없습니다. 달아나지 않는 자에겐 벼랑도 길이 된다는 말이 있습니다. 살기 위해서는 움직여야만 합니다.

그렇습니다. 상황이 절박하면 변화하지 않고는 결코 살 수 없습니다. 절실히 변화가 필요할 때 change 안에 hang이 들어 있음을 떠올려보기 바랍니다.

always

포기하지 않으면 언제나 길이 있다

칠전팔기

❦ ❦ ❦　　하는 일이 힘들면 중도에 포기하고 싶은 생각이 드는 것은 어쩌면 당연한 일입니다. 몸의 근육을 키우겠다며 제법 무거운 역기를 들고 훈련하다가 이내 포기해버린다거나, 인내심을 키워보겠다며 열심히 마라톤을 해보지만 도중하차 하는 경우가 많습니다. 끊임없이 새로운 시도를 해보지만 너무도 쉽게 한계를 인정하며 재빨리 포기도 잘 합니다. 이렇게 좌절을 맛보다보면 뭐든 성취하려는 욕구보다 포기하고픈 욕구에 시달립니다.

그리고 포기하고 싶을 때는 합당한 이유를 만들어냅니다. 이 일은 나하고 안 맞아, 이건 나와 인연이 아니야 라고 합리화하면서 그만두고 싶어합니다. 한 번도 제대로 성취해보지 못하고서 먼저 포기하는 데 익숙해지면 이것 또한 습관이 되어버립니다.

스스로 선택하여 시작한 일은 결코 포기해선 안 됩니다. 왜 포기해선 안 되는가, 그 절대적 이유를 알아야 하는데 이를 모르기 때문에 자신이 선택해놓고도 쉽게 손을 놔버리는 것입니다. 지금 하는 일이 단순히 자신에게 안 맞는다고 적당히 둘러대면서 동시에 앞으로 새롭게 시작할 일에 대해 강렬한 유혹을 느끼면서 말입니다.

우리는 어린 시절부터 넘어질 때마다 다시 일어서서 걷는 법을 스스로 배웠습니다. 넘어지면 일어서는, 결코 포기하지 않고 다시 일어서는 방식을 자연스럽게 배우는 게 인간입니다. 그래서 '포기'라는 말은 인간에게 어울리지 않습니다.

'인일기백人—己百'이란 말이 있습니다. '남이 한 번 하면 나는 백 번 한다'는 말입니다. 될 때까지 하겠다는데 안 되는 사람은 없습니다. 다만 스스로 한계를 규정짓거나, 너무 절망한 나머지 '앞이 보이지 않는다'는 자기암시를 주는 머릿속 거짓말상자의 말을 맹신하기 때문에 안 되는 것입니다.

실패한 일은 그냥 한 번 넘어진 일에 불과합니다. 이때 실망하지 말고 넘어진 자리에서 왜 실패했는지 살펴보는 것이 중요합니다. 어쩌다 돌부리에 걸려 넘어졌음을 알게 되었다면 훌훌 털고 그 자리에서 다시 일어서길 바랍니다. 이때 명심할 것은, 넘어진 일을 너무 마음에 담아두어선 안 된다는 점입니다. 마음속 깊은 상처는 일어서겠다는 강렬한 의지를 저하시킵니다. 누구나 실수는 할 수 있습니다. 그럴 수도 있다는 의연한 자세로 쓰러졌던 그 자리에서 다시 일어서길 바랍니다.

포기하지 않으면 언제나 길이 있습니다.

그렇습니다. 포기하지 않는 사람에겐 항상 길이 열려 있습니다. 아니 포기하지 않았기에 항상 길이 있습니다. 세상에 안 되는 일은 없습니다. 안 되는 일이란, 될 수 있다는 가능성을 내포한 말로써 노력하면 얼마든 이룰 수 있다는 해석이 가능합니다.

처음 시도해서 안 되었다면 왜 안 되는지 연구를 해야 합니다. 농구공도 한 번에 들어가지 않습니다. 여러 번 던져보고 어떻게 골대 안에 공을 넣을 수 있을까 다각도로 모색해야 언젠가는 공을 잘 넣을 수 있게 됩니다.

목표를 향해 달려가는 길은 숨이 턱에 차오를 정도로 힘들지만, 끝까지 인내심을 가지고 달리다보면 결국 결승점에 도달하게 됩니다. 그러므로 무엇을 시도하다가 안 될 때는 똑같은 방식으로 이를 되풀이하기보다는 왜, 라는 의문부호를 던지며 이에 대한 연구를 해볼 필요가 있습니다. 여기서 도저히 못하겠다, 먼저 결론부터 내리고 포기만 하지 않는다면 반드시 길은 열리게 마련입니다. 설령 중간에 그만두었다 할지라도 이전에는 절대 알지 못했을 값진 교훈을 얻게 됩니다.

그렇다면 왜 끝까지 포기하지 않는 것이 중요할까요? 포기하지 않으면 왜 항상 길이 생길까요? 이때 중요한 것은, 주변사람들에게 나는 절대 포기하지 않는 존재임을 각인시킬 필요가 있습니다. 이러한 인식을 심어주면 어느 순간에 뜻하지 않는 인연에게서 결정적 도움을 받을 수도 있습니다. 물론 포기했다면 당신이 그 어떤 좋은 인연을 만난다 해도 결코 상대에게서 도움을 얻진 못했을 겁니다.

그래서 믿음이 중요합니다. 쉽사리 포기만 하지 않는다면 당신은 목표에 도달할 수 있는 방법을 기필코 찾아낼 것이고, 일을 도와주겠다는 인연을 반드시 만나게 됩니다. 또 포기하지 않고 하나의 일에 집중하다보면 그러한 과정 속에서 정신이 단련되고 자연스레 끝까지 해내겠다는 의지와 자신감이 길러집니다.

포기하지 않아서 얻는 선물은 바로 '의지'와 '자신감'입니다.

필자도 중도에 포기하지 않은 덕분에 얻은 '의지'의 힘으로 목표를 성취했던 경험이 있습니다. 여기서 한 사례를 소개합니다.

몇 년 전 겨울, 좋아하는 숫자인 31을 생각하며 겨울동안 연속해서 31회 겨울산행을 해보자는 목표를 정했습니다. 겨울이라도 날씨가 좋을 때는 산을 오르는 데 큰 지장은 없으나, 중간중간 강추위가 몰아닥칠 때는 밖에 나가는 것조차 힘들었습니다. 그래서 누가 상을 주는 것도 아닌데…… 하며 그냥 겨울산행을 포기하고픈 마음이 여러 번 들었습니다. 내년 겨울에 다시 도전해보자는 마음속 유혹도 있었습니다. 하지만 포기해서 얻는 열패감보다 힘들더라도 목표를 이루었을 때의 성취감이 더 클 것이라는 생각으로 뚝심있게 밀고 나갔습니다. 그래서 겨울 동안 목표했던 31회를 넘기고 34회까지 산행을 하고 한 해를 마무리지을 수 있었습니다.

그러한 '의지'로 산행을 감행한 결과, 포기하지 않으면 반드시 길이 있다는 확신을 얻을 수 있었습니다. 무엇보다 이때 얻은 큰 수확이라면, 중도에 포기하지 않는다면 이렇게 목표를 '초과달성'하는 여유도 생긴다는 사실이었습니다. 어쩌면 포기는, 포기하면 안 되는 이유를 몰라서 도중에 주저앉는 경우가 대부분이지 않을까 생각이 들었습니다. 어쨌든 34회의 산행 덕분으로 이후부터는 무슨 일이든 목표를 세우면 끝까지 해낼 수 있다는 자신감과 투지가 생겼습니다. 이렇게 나를 크게 성장시켜주는 일을 중간에 포기해서야 되겠습니까?

또 한 가지 사례는 불치병을 극복하려는 인간의 노력과 인내에 관한 이야기입니다. 필자의 영어수업 수강생 중에 암에 걸려 힘겨운 투병을 하던 일반인 여학생이 있었습니다. 미군부대에 근무하며 아주 쾌활한 성격의 소유자였는데 암진단을 받은 후부터는 얼굴이 침울해지기 시작했습니다. 강의를 하는 내내 그녀의 암울한 모습을 지켜보기가 너무 안타까웠습니다. 그래서 암에 걸렸다는 말을 처음 들은 그 날부터 매일같이 그녀의 쾌유를 비는 기도를 간절히 했습니다.

또한 투병기간 중 그녀가 입원해 있는 원자력병원을 간간히 방문하여 치료과정으로 힘들고 지친 그녀에게 다음과 같은 위로의 말을 해주었습니다. "포기하지 않으면 항상 길이 있다"고. 그리고 "매일 기도할 때마다 내게 닥친 이 시련의 의미가 무엇인지 생각해보고 이 시련을 극복하면 새로운 존재가 될 수 있다는 강한 믿음을 가지라"고 한마디 덧붙여주었습니다.

저 또한 포기하지 않고 그녀의 완쾌를 비는 기도를 매일 드렸습니다. 그런 지 2년 남짓 지나서 그녀에게서 전화가 왔습니다. 수화기 저너머에서 기쁨에 넘친 말이 들렸습니다. "선생님, 저 완치되었다는 판정을 받았어요. 너무 기뻐서 매일 기도해주시는 선생님에게 제일 먼저 전화드려요." 그녀가 완치되었다는 말에 제 가슴이 심히 요동치기 시작했습니다. 갑자기 제 눈앞에 펼쳐진 세상이 환해질 정도로 기쁨이 차올랐습니다. 그녀는 포기하지 않고 반드시 암을 치료하겠다는 마음으로 일관하였기에 결국 암을 이겨낼 수 있었던 것입니다. 이렇게 포기하지 않으면 반드시 길이 열립니다.

'항상'이라는 뜻의 always에는 '길'을 의미하는 way가 들어 있습니다. always란 말에 way가 들어 있다는 건 무엇을 뜻할까요? 항상 길이 있다! 그렇습니다. 길은 포기하지 않을 때라야 비로소 열리는 법입니다. 그러니 '포기하지 않으면 항상(always) 길(way)이 있다' 라고 마음속에 깊이 새기길 바랍니다.

fear

두려움은 귀에 속삭이는
환청처럼 실체가 없다

❦ ❦ ❦　　　불교경전《법구경》에 이런 말이 나옵니다.

'녹은 쇠에서 생긴 것인데 점점 그 쇠를 먹어 없앤다.'

　두려움도 마찬가지입니다. 녹이 쇠를 먹어버리듯 사람들은 두려움이 생기면 그것을 점점 키워 나중에는 공포에 휩싸입니다. 일상에서 우리를 두렵게 만드는 일은 다양합니다. 새롭게 프로젝트를 진행할 때나 처음 시도해보는 번지점프에 이르기까지 여러 가지 일에서 첫걸음 떼기가 어렵습니다. 또 마음속에 숨겨둔 사실을 고백할 때나 서로 말다툼 끝에 먼저 사과를 해야 하는 상황에서도 주저하는 경우가 많습니다. 역시 상대에게 거절당할 것이 두려워 머뭇거리는 것이 겠죠.

　그런데 두려움은 과연 실체가 있는 걸까요? 공포영화를 한 편 보았다고 생각해볼까요. 공포영화가 끝나고 나면 스크린 위에 출연진과 스태프 소개 등의 자막이 재빠르게 흐르고 텅 빈 스크린만 남습니다. 순식간에, 좀 전에 보았던 영화 속 공포의 장면들은 흔적도 없이 사라지고, 그렇게 공포에 떨게 했던 두려움의 실체는 어디에서도 찾아볼 수 없습니다. 두려움에 실체가 없다는 것은 두려워할 대상이 없다는 뜻이 아니라, 두려워하는 그 생각의 실체 또한 스스로 지어낸 망상에 불과하다는 말입니다. 스스로 두려움을 만들어내고 계속 그것을 키우고 있으면 노예처럼 두려움에 갇혀 있을 수밖에 없습니다. 그것은 실체도 없는 두려움을 현미경으로 확대하는 것이나 마찬가지입니다. 스스로 두려움에 먹이를 주어 크게 키운다는 말입니다. 쿠바혁명의 영웅 체 게바라(1928-1967)는 두려움에 대해 다음과 같이 말했습니다.

'마음속에 생겨난 두려움을 사라지게 만드는 유일한 방법은 실제 현실과 부딪침으로써 그것을 날려버리는 것뿐이다.'

그렇습니다. 두려움은 화로에 떨어지는 눈과 같은 것입니다. 또한 두려움은 굴뚝에서 나오는 연기와 같습니다. 굴뚝연기는 자신의 전부를 허공에 보였다가 흔적도 없이 사라집니다. 전혀 실체가 없습니다. 그렇기에 까만 굴뚝연기가 마음을 온통 시커멓게 뒤덮게 내버려두어선 안 됩니다. 두려움은 실체가 없기에 실행을 통해 반드시 사라지게 할 수 있습니다.

마음속에서 두려움을 몰아내는 데 필요한 덕목이 바로 용기입니다. '용기란 두려움이 없는 상태가 아니라 두려움과 맞서는 것'이라는 말은 그래서 나온 것입니다. 두려움은 객客이고 나는 주인主人입니다. 객에게 주인의 자리를 내줄 수는 없고 오래 머물게 할 수도 없는 일입니다. 용기 있게 두려움을 떨쳐내는 것, 그 자체가 나 자신을 가장 주인답게 하는 제대로 된 행위입니다.

캐나다 소설가 얀 마텔의 소설을 원작으로 한 영화 〈파이 이야기 Life of Pi〉는 인도에서 캐나다로 동물들을 이송하던 화물선이 난파되고 나서 작은 보트 안에 호랑이와 함께 남겨진 소년 파이의 이야기를 다룹니다. 소년은 두려움으로 상징되는 호랑이에게 굴하지 않고 호랑이를 잘 다루어 결국 구조됩니다. 살아가면서 맞닥뜨릴 수밖에 없는 이런저런 두려움은 망망대해에 떠 있는 작은 배 안의 호랑이 같은 것입니다. 영화 속의 소년처럼 두려움을 피하지 않고 정면으로 바라보아야 두려움의 실체가 없다는 것을 알게 됩니다.

두려움은 커져가는 악성종양이 아니라 용기를 만들어내는 원천입니다.

필자는 도보여행을 즐기는 편입니다. 도서관, 사찰, 서원, 폭포 등 가고 싶은 여행지를 집에서부터 걸어서 가는 습관이 있습니다. 보통 목적지까지 대여섯 시간 정도 걸립니다. 차편을 이용하면 편리하겠지만, 걸어서 가면 목적지까지 반드시 도달해야 한다는 그 간절함이 생깁니다. 그런데 목적지까지 걸어가려면 차도를 이용해야 할 경우가 많은데 처음에는 차를 등지고 걸었습니다. 얼마를 걷다보니 뒤에서 따라오는 차에 대한 두려움이 생기기 시작했습니다. 그래서 이번에는 차를 등지는 게 아니라 앞에서 오는 차를 바라보며 걷기로 했습니다. 그렇게 걷다보니 어느 순간 두려움이 사라지는 경험을 하게 되었습니다. 그렇습니다. 두려움은 피하지 말고 똑바로 대면하면 됩니다. 그때 용기가 생깁니다.

'두려움'이라는 뜻의 fear에는 ear가 들어 있습니다. 두려움이란 귀

(ear)에 들리는 환청처럼 실체가 없다는 의미를 fear라는 한글자가 전하고 있습니다. '유령'이란 뜻의 ghost에도 '주인'이란 의미의 host가 들어 있습니다. 유령이나 귀신은 그것의 주인이랄 수 있는 실체가 없습니다. 이처럼 두려움에는 실체가 없다는 사실을 fear라는 한글자로 마음속에 새겨두면 두려움에 대한 강력한 면역력이 생길 것입니다.

인생에서 꼭 하고 싶은 것을 적어놓은 것을 버킷리스트bucket list나 위시리스트wish list라고 하지요. 그런데 거기에 더하여 두려움 목록, 즉 피어리스트fear list도 만들어 하나씩 하나씩 내 삶에서 두려운 일들을 없애가는 것은 어떤가요? 작은 두려운 일부터 하나씩 없애가면 자신감이라는 마음의 근육이 붙기 시작함을 느낄 수 있을 겁니다. 그렇습니다. 자신감은 마음먹는다고 생기는 게 아닙니다. 할 수 없다고 스스로 설정해놓은 한계를 과감히 뛰어넘는 행동을 하면서 자신감은 길러집니다.

두려움이란, 그것을 뛰어넘는 행동을 실행에 옮기면서 이미 실체가 없는 존재임을 재삼 확인하게 될 것입니다. 달력 넘기듯 하나씩 일상과 마음에서 두려움을 없애가다보면, 그만큼 자신의 내부에 삶을 제대로 살아갈 수 있는 '자신감과 용기'가 적금통장처럼 쌓이게 될 것입니다. 그러니 두려움은 결코 위험한 무엇이 아닌, 고마운 존재임을 마음속에 새겨두시길 바랍니다. 당장 오늘이라도 '피어리스트'를 만들어보는 것은 어떨까요?

Paint

고통을 잘 극복하면
새로운 삶을 칠할 수 있다

고통

❦ ❦ ❦   '인생은 고해'라는 말이 있습니다. 사는 것이 고통의 연속이라는 말이겠지요. 사는 게 왜 고통의 연속일까요?

좋아하는 사람이 생겨 가슴이 뛰고 살맛이 난다고 합시다. 그런데 얼마 지나면 그 사람 때문에 고통스럽습니다. 그 사람이 내 맘대로 되지 않기 때문입니다. 아니면 어쩔 수 없이 그 사람과 헤어져야 할 때도 마음이 아픕니다. 다시는 사랑하는 사람을 볼 수 없기에 고통스러운 것이겠죠.

싫어하는 사람과 함께 있어도 고통스럽기는 마찬가지입니다. 싫어하는 사람이 생기면 그 사람이 어떤 짓을 해도 마음에 들지 않으니 그 사람을 볼 때마다 몹시 괴롭습니다.

또 어떤 일 때문에 삶이 고통스러울까요? 원하는 대로 일이 되지 않으면 고통스럽습니다. 열심히 취직시험 공부를 했건만 또는 야심차게 새 사업을 벌여놓았건만 원하는 대로 결과가 나오지 않으면 절망스럽기 그지없습니다. 왜 이렇게 사는 게 힘들고 버거운 걸까요?

그리고 사람이든 세상이든 세월 따라 변하기 마련인데 그 자리에 그대로 머물러 있길, 변하지 않길 바라는 마음 때문에 고통스럽기도 합니다. 강가에 집이 있는 사람은 어제 본 강물이 오늘 본 강물과 다르다는 것을 압니다. 또한 모든 것은 변해간다는 사실도 알고 있고, 당장 변할 수 있는 것은 아무것도 없음을 알고 있으면서도 의무적으로 일을 해야 하는 것처럼 고통스러운 일은 없습니다.

그래서 'No pain, no gain'이라는 말도 있습니다. '고통이 없으면 얻는 것도 없다'는 말이지요. 또한 누군가는 '쓴 맛이 사는 맛이다'라고 말했습니다. 그러면 '인생은 고해'라는 말에 어떤 말로 대응해야 할까요?

"세상은 고통으로 가득하지만 그것을 이겨내는 일로도 가득 차 있다"고 헬렌 켈러(1880-1968)는 말했습니다. 고통을 피하려고 택한 일이 더 큰 고통을 만들어내는 경우가 많습니다. 고통을 피하지 말고 정면으로 대응하세요. 고통에 대한 다음의 말을 가슴에 새겨보길 바랍니다.

고통은 없애라고 있는 것이 아니라 고통과 함께 성장하라고
있는 것입니다.
나의 고통은 결국 나를 명작으로 만들 것입니다.
오늘 내가 겪는 고통은 내일의 힘이 됩니다.
무명천은 수없이 바늘에 찔리는 고통을 이겨내야
아름다운 자수가 될 수 있습니다.
한여름의 뜨거운 태양을 이겨내야 세상에 쓸모있는
소금을 만들어낼 수 있습니다.
가마 속 수천 도의 불을 이겨내야 아름다운 도자기로
새로 태어날 수 있습니다.
기쁨의 끝이 덧없는 것이라면 고통의 끝은 기쁨입니다.
고통은 파도와 같습니다. 파도는 절벽에 부딪쳐 멍드는 것이
아니라 큰 바다가 됩니다.
고통을 잘 이겨내면 정신의 고양을 가져옵니다.
고통은 정신의 소산입니다.

스스로 일주일에 하루 단식을 선택해서 실행해 보았습니다. 맛있는 음식을 보면 먹고 싶은 식탐이 강해서 그 욕심을 줄여보고 싶었습니다. 처음 한 달은 무척 힘이 들고 고통스러웠습니다. 하필 단식하는 날 제사가 있었습니다. 제사보다 젯밥에 더 마음이 갈 때가 많았는데, 그날따라 정성스럽게 차려진 제사음식이 저를 너무 고통스럽게 했습니다. 길을 가다가 맛있는 음식냄새가 코끝에 닿으면 내장들이 요동치는 것이 느껴졌습니다.

한 달 정도 고비를 넘기니 몸의 선물이 감지되기 시작했습니다. 우선 체중이 줄기 시작했고 그렇게 괴롭히던 두통 또한 사라졌습니다. 그리고 단식할 때 물을 많이 마신 덕에 장기에 붙어 있던 오물들이 세척되었는지 위의 더부룩함도 사라졌습니다. 그래서 알았습니다. 소중한 것은 고통을 통해서만 그 가치를 드러낼 수 있다는 것을.

그로부터 일주일에 세 번까지 단식을 해보기로 마음먹었습니다. 그 이후 식탐이 많이 없어지는 것은 물론이고 일상생활에서의 크고 작은 욕심도 줄일 수 있었습니다. 먹고 싶은 걸 못 먹는 고통을 극복하니 더 큰 소중한 것을 얻을 수 있었습니다.

고통은 발의 물집과 같습니다. 물집이 고통스러울 때 흘리는 눈물처럼 터지고 나면 발이 더욱 단단해집니다. 고통을 막기 위한 예방주사란 없습니다. 피할 수 없는 고통이라면 차라리 정신에 자양분을 주는 영양주사라고 생각하면 어떨까요. 마음의 고통을 하나씩 이겨낼 때마다 항체가 생긴다고 생각하길 바랍니다.

**고통을 잘 극복하면 타인의 고통을 이해할 수 있는 큰
이해심이 생깁니다.**

고통에 대한 성숙한 인식이 필요합니다. 누군가에 의해서 심한 고통을 받고 있을 때, 내가 남에게 고통을 준 적은 없는지 한번 헤아려보시기 바랍니다. 내 안위를 위해서 남에게 준 고통이 다시 업이 되어 내게 돌아온 것은 아닌지 생각해보는 것도 고통을 극복하는 방법 중 하나입니다. 고통을 견뎌내는 지금 이 순간이, 남에게 준 고통의 과보가 덜어지는 과정이라고 생각한다면 고통극복에 큰 도움이 될 것입니다.

살면서 부딪치는 다양한 방식의 고통, 피할 수 있다면 정말 좋겠지만 내 의지와 무관하게 생기는 고통도 많습니다. 잠시 독감에라도 걸리거나 손가락을 조금만 베어도 움찔하며 고통스러워하듯, 고통은 자신이 살아 있는 생명체임을 생생히 느끼게 합니다.

고통을 잘 극복하면 새로운 삶을 만들어낼 수 있습니다. 고통이 주는 의미를 항상 새기기 위해서 paint라는 한글자를 처방하겠습니다. '칠하다'라는 뜻의 paint에는 '고통'을 뜻하는 pain이 들어 있습니다. 고통은 너덜너덜해진 내 삶을 아름답게 채색해준다는 사실을 가슴에 새기길 바랍니다. 희망은 막연히 가슴에 품다가 사라지는 것이 아니라 생생하게 느끼는 고통 저 너머에 있습니다.

그러고보니 경남 통영 벽화마을인 동피랑마을이 생각납니다. 좁다란 골목에 허름한 집들이 모여 있는 이곳은 벽화마을로 새단장되기

전까지만 해도 세상에 알려지지 않은 작은 마을에 불과했지만, 지금은 통영 앞바다가 내려다보이는 '동양의 나폴리'로 불릴 정도로 유명해졌습니다.

이렇게 고통을 극복한 자리에는 새로운 삶이 다가옵니다. 칡은 씹으면 처음엔 쓰지만 계속 씹고 있으면 달게 느껴집니다. 고통도 그렇습니다. 고통의 진정한 의미를 이해하게 되면 쓴 고통도 값진 결실을 맺기 위한 다디단 경험으로 살아남게 될 것입니다.

Scarf

상처를 잘 치유하여
멋진 스카프를 매어주라

상처

❦ ❦ ❦　　　사람들은 저마다 상처를 가지고 있습니다. 그건 몸에 난 상처이기도 하고, 마음속에 아로새겨진 상처이기도 합니다. 육체의 상처는 시간이 지나면 조금씩 상처에 대한 기억이 희미해지는데, 마음의 상처는 시간이 지날수록 더 또렷해집니다.

상처는 내가 얻은 것만 있는 게 아니라 내가 남에게 남긴 상처도 있습니다. 그런데 이상하게도 내가 받은 상처는 지우려 할수록 또렷이 기억나는데 남에게 준 상처는 아무 일 없었다는 듯 까마득히 잊어버리고 사는 경우가 많습니다.

내가 받은 상처에 대해서 한번 생각해볼까요. '두 번째 화살을 맞지 마라' 라는 부처님 말씀이 있습니다. 내가 받은 상처를 가슴에 담고 괴로워하는 것이 바로 스스로 두 번째 화살을 맞는 것입니다. 그래서 일본작가 무라카미 류는 "상처는 치유하는 것이 아니라 그것으로부터 자유로워지는 것"이라고 말합니다.

마음의 상처는 상처를 준 상대에게서 찾을 게 아니라 내 스스로 치유하는 것이 좋습니다. 누군가에게서 상처받았다는 생각에 집착하다 보면 상처를 준 사람을 미워하면서 거기에 매달리게 됩니다. 내 마음속에 스스로 지울 수 없는 화인을 남기는 것입니다. 상처를 얻었지만 이를 극복하고자 노력하면서 상처 준 사람을 이해하게 되면 상처에 대한 고통은 사라집니다. 그렇지 않으면 상처는 항상 그림자처럼 나를 따라 다닐 것입니다. 상처를 치유한다는 말은 상처를 준 상대를 용서한다는 것입니다. 그 과정이 결코 쉽지만은 않지만 상대를 용서함으로써 내가 무심코 상처를 준 사람부터 내가 모르는 수많은 사람의 상처 또한 감싸안을 수 있게 됩니다. 내게 필요한 물건을 모두 만들어 쓸 순 없지만, 내게 필요한 마음만큼은 모두 만들어 쓸 수 있어야 합니다. 그 마음 중 하나가 바로 용서입니다.

내 상처가 치유되면 타인의 상처를 감쌀 수 있습니다.

제 몸을 찬찬히 살펴보았습니다. 자세히 보니 온몸 여기저기가 상처투성이입니다. 거울을 보고 오른쪽 눈두덩을 자세히 보았습니다. 아직도 희미하게 상처가 남아 있습니다. 벌써 40년이 훌쩍 지나갔음에도 상처는 그 오랜 세월의 풍화작용을 견디고 보일 듯 말 듯 여전히 남아 있어 그저 신기할 따름입니다.

다들 곤궁했던 1960년대 후반 시절 사촌형이 1960년대 후반에 '아이스케끼(아이스바)' 장사를 한 적 있습니다. 중국집 배달용 철판가방같은 모양의 '아이스케끼통'을 사촌형은 매일 메고 다녔습니다. 여름에 그 사촌형의 뒤를 졸졸 따라다녔습니다. 어쩌다 아이스케끼 하나 얻어먹으려는 궁리였겠지요.

사고가 나던 그날 어느 식당 앞에서 찰거머리처럼 바짝 뒤를 따라다니는 제가 귀찮았는지 찌는 더위가 그리 만들었는지는 알 수 없지만, 사촌형은 갑자기 아이스케끼통을 제 머리를 향해 날렸습니다. 그런데 그게 그만 제 눈두덩에 맞은 것이었습니다. 그나마 그 정도여서 다행이지 눈에 맞았으면 아마 실명했을 겁니다. 통의 가장자리가 제 눈두덩을 예리하게 팠습니다. 사촌형이 내게 준 눈두덩의 상처는 그렇게 해서 생겼지만 천만다행으로 세상을 볼 수 있는 눈은 그나마 온전히 보전할 수 있었습니다.

이제 다른 상처를 더듬어 보았습니다. 보기에도 흉하게 국부와 왼쪽다리에 난 상처가 눈에 잡혔습니다. 탈장수술로 난 흉터와 군작전 차량을 몰고 가다 춘천행 버스와 정면충돌 후 생긴 상처였습니다. 공교롭게도 두 상처 모두 미군부대에서 근무하면서 얻은 상처였습니다. 미군의사가 수술을 맡아 주었는데 지금도 그 이름들이 기억납니다. 닥터 피셔(Dr. Fisher)와 닥터 티드웰(Dr. Tidwell). 그들의 자상한 칼놀림 덕분에 지금껏 원활한 생식기능과 보행능력을 유지할 수 있었습니다. 아직까지도 그 집도의 흔적이 제 몸에 오롯이 남아 있습니다.

몸에 난 상처들은 내가 아름다운 세상을 계속 볼 수 있고, 노동과 글쓰기를 할 수 있고, 자식 낳고 걸을 수 있었음을 끊임없이 환기시켜줍니다. 이렇게 제 몸에 남겨진 상처와 마음에 얼룩진 상처들을 헤아리면서 어쩌면 살아오면서 내가 타인에게 더 많은 육체적 상처와 마음의 상처를 주었을지도 모른다는 생각에 이르렀습니다. 그러자 마음이 한없이 무거워졌습니다. 내 상처를 보고 타인의 상처를 생각할 때 진정한 용서는 시작되는 것입니다. 이 세상을 살아가며 단 한 번의 상처를 받지도, 주지도 않고 살아가는 사람은 아무도 없으니까요.

scarf에는 '상처'라는 뜻의 scar가 들어 있습니다. 내 목에 상처가 보기 흉해 스카프로 가린다고 생각해보세요. 스카프로 상처를 가린다는 것은 내 스스로 치유한다는 것을 상징하겠지요. 스스로 상처를 치유한 자신이 대견해서 멋진 스카프를 매준다고 생각해도 됩니다. 어느 정도 시간이 지나 내 상처를 치유하며 얻은 용서의 마음으로 타인의 상처를 어루만질 수 있을 때, 내가 맸던 스카프로 다른 사람의 상처를 덮어준 다고 생각해보세요. 내가 상처를 받아봤고 그것을 치유한 경험이 있기에 다른 사람의 상처를 감싸줄 수 있는 힘이 생긴 겁니다.

그런 뜻에서 세월호 참사를 당한 아이들을 기억하기 위해 노란 리본을 단다는 것은 아픈 상처를 함께하겠다는 따듯함을 상징합니다. 살면서 누구나 크고 작은 상처를 받으며 스스로 상처치유 능력을 키우기도 하고 주위사람들 도움으로 상처가 치유되기도 합니다. '노란 리본'을 단다는 것은 자식을 잃은 아픈 상처와 트라우마를 지닌 유가족들과 함께 상처를 나누겠다는, 이들의 상처를 결코 외면하지 않고 함께 끌어안고 감싸겠다는 의지의 표상이기도 합니다.

dark 어두운 절망 속에서도
희망의 방주를 생각하라

절망

❦ ❦ ❦　　　살다보면 한치 앞도 보이지 않는 절망에 빠질 때가 있습니다. 마치 늪에 빠져 허덕일 때 몸을 움직일수록 더 깊은 늪 속으로 빨려들어가는 이치와 같다고나 할까요. 급기야 절망의 나락에 서면 죽음이 내게 어서 오라 손짓하고 있는 듯한 환영을 보기도 합니다. 그러나 이대로 저승사자에게 귀한 목숨을 내맡겨둘 수는 없습니다. 절망은 어떤 일면에서는 자신의 생각이 만들어낸 환상에 불과하다는 사실을 잊지 마시기 바랍니다.

영화가 상영되고 있는 중간에 극장에 들어가면 처음에는 캄캄해서 하나도 보이지 않습니다. 그러나 조금 지나면 극장 내부의 모습이 조금씩 드러나기 시작합니다. 그렇습니다. 그 어떤 절망적인 상황이라도 극도로 동요하는 마음을 바로잡고 앞을 직시하면 반드시 길이 보입니다. 해가 졌다고 길이 없어지지는 않습니다. 해가 뜨면서 길은 다시 보입니다. 그러니 길이 당장 보이지 않는다고 해서 절대 절망해서는 안 됩니다.

땅의 끝이라 해도, 더 이상 길이 없다 해도 바로 거기서 몸을 돌리면 새로운 길이 시작됩니다. 절망은 길이 없다고 스스로 포기하는 것과 같습니다. 절망에 빠져 있는 것은 내 스스로에게 산소공급을 중단하는 것과 같습니다. 그러니 절망에 빠지면 절망 속에 질식할 수밖에 없습니다.

절망하는 것은 늪으로 가라앉는, 수면 밑으로 가라앉는 자신을 놓아버리는 것과 같습니다. 인간은 최악의 상황에서 믿을 수 없는 힘이 나옵니다. 살려고 했을 때 가능한 얘기입니다. 어떠한 절망 속에서도 희망의 끈을 놓지 마세요. 당신을 소중하게 생각하는 누군가가 옆에서 지켜보고 있다고 생각하세요. 긍정적인 생각을 할 때만이 희망의 빛을 발견할 수 있습니다. 절망할 때는 시련을 겪고 있다고 생각하세요. 절망을 극복하고 나면 수렁에서 빠져나온 자신이 자랑스럽다고 여겨질 것입니다. 훗날 절망을 통해 더 강해진 자신을 보면서 절망이 재앙의 원흉이 아닌 자산이자 복이라 생각될 날이 올 것입니다.

절망이란, 뿌옇게 김이 서린 창문과 같습니다. 시야를 가린 김은 그 순간 무기력과 체념을 불러옵니다. 먼저 안개처럼 시야를 가린 희뿌연 김부터 깨끗이 닦아보세요. 작은 것부터 실행에 옮기다보면 반드시 희망이 보일 겁니다.

어둠이 깊으면 새벽이 가깝다는 뜻입니다. 절망이라는 어둠은 희망을 잉태하고 있습니다. 그래서 절망은 희망만이 짝입니다. 실제 '절망'이라는 뜻의 despair에는 '짝'이라는 의미의 pair가 들어 있습니다. 이게 우연일까요? 다시 한 번 말하지만 절망은 희망만이 짝입니다.

별은 어두울 때 더 밝게 빛납니다. 자신이 절망 속에 있을 때 자신만이 별처럼 희망을 줄 수 있는 존재라는 것을 알아야 합니다. 밝은 날에

별은 보이지 않습니다. 잘 될 때는 자신이 얼마나 소중한 존재인지를 잘 모릅니다. 절망적인 상황일 때 자신이 진정 소중한 존재임을 알게 됩니다. 캄캄한 밤하늘에 떠 있는 별처럼.

절망은 내 삶이 잠시 정전된 것일 뿐입니다.

그러니 잠시 절망스런 상황이라고 삶 전체를 부정하지 마세요. 절망적인 상황은 잠시 길에서 미끄러지는 것이지 낭떠러지로 떨어지는 것이 아닙니다. 절망하는 것도 어찌 보면 교만한 마음입니다. 삶이 곤두박질쳤다고 하늘 아래 가장 존귀한 자기 자신을 함부로 내팽개쳐서야 되겠습니까. 한순간 일이 잘못되었다고 쉽사리 자신을 버리고 싶은 절망에 빠져든다면 이것이 어찌 교만한 마음이 아니라고 할 수 있겠습니까. 절망 속에서 희망의 가르침을 배우고 자신을 아끼는 것이 진정 겸손한 마음입니다. 그러니 절망도 자산임을 잊지 마시길 바랍니다. 절망을 제대로 우려내야 제대로 희망을 만들어낼 수 있습니다. 그래서 정직한 절망이 중요합니다.

정직한 절망 끝에 간절한 희망이 나옵니다.

'어둠'이라는 dark에는 '방주'라는 뜻의 ark가 들어 있습니다. 어둡다는 말에 어떻게 노아가 대홍수에 맞서 인류를 구원하기 위해 만든 '방주'가 들어 있을까요. 인생은 역설이기 때문입니다. 절절한 절망만이 진정한 희망을 품을 수 있습니다. '겨울'이라는 뜻의 winter에 in이 들어 있음에 주목해보세요. 겨울은 그 안(in)에 봄을 잉태하고 있습니다. 동지가 지나면 이제 해가 길어집니다. 그것은 봄이 온다는 징조입니다. 아무리 혹독한 겨울도 봄이 오는 것을 이기지 못합니다. 그러니 절대로 절망하지 마세요. 남극의 거대한 얼음을 뚫고 나가기 위해서는 거대한 쇄빙선이 필요합니다.

그렇습니다. 방주는 거대한 절망을 뚫고 나가는 희망의 쇄빙선입니다. 절망은 그보다 더 큰 희망에 의해 무너지게 되어 있습니다. 내 몸에 퍼져 있는 절망이라는 맹독의 유일한 해독제는 '희망'임을 잊지 마세요.

Wind

혹독한 시련의 바람을 이겨내면
인격이 성숙한다

✿✿✿　　　누구에게나 시련은 닥치게 마련입니다. 삶이 항상 좋을 수는 없기 때문입니다. 시련이 닥치면 눈앞이 캄캄해지고 어떻게 돌파해나갈지 막막합니다. 이 시련이 끝나지 않고 언제까지나 계속될 것 같은 생각이 들어 절망감에 빠지기도 합니다.

이런 시련은 왜 생길까요? 시련은 아무 이유도 없이 느닷없이 불쑥 찾아오지는 않습니다. 시련은 대체로 삶이 잘 풀릴 때 생기는 경우가 많습니다. 삶이 잘 풀릴 때 우리는 긴장하지 않습니다. 더 많이 일을 벌이고 더 많이 가지려고 하고 더 높이 올라가려 합니다. 그러는 과정에서 우리는 스스로의 삶을 세세히 돌아보지 못하고 앞만 보고 갈 때가 많습니다. 바로 그 지점에서 조금씩 삶의 균열이 일어나기 시작합니다. 그러므로 시련은 어느날 갑자기 내게 닥치는 것이 아니라 이미 예고되어 있었다고 볼 수 있습니다.

시련이 닥쳤을 때 시련을 이겨내는 방법은 시련의 의미를 제대로 아는 것입니다.

최초의 시련을 어떻게 겪고 이겨내느냐에 따라 더 큰 또 다른 시련을 이겨낼 수 있는 능력이 생기는 것입니다. 그래서 '모든 일은 이유가 있어서 일어난다(Everything happens for a reason)' 라는 말이 있는 것입니다.

시련은 우리를 '성장'시키기 위해 옵니다. 시련을 겪어야만 삶의 진정한 기쁨이 뭔지 알게 됩니다. 커다란 목표만 추구했던 삶에서 자잘한 일상의 기쁨이 무엇인지, 진정 소중한 것이 무엇인지 깨닫게 됩니다.

이런 시련의 의미를 일상에서 훈련하기 위해서 어떻게 해야 할까요? '바람'이라는 뜻의 wind에는 '이기다'는 의미의 win이 들어 있습니다. 벌판에 세찬 바람이 불면 나무는 뽑히지 않으려고 뿌리를 아래로 견고하게 내립니다. 눈도 뜰 수 없을 정도로 몰아치는 세찬 바람 속에서 무기력하게 뽑혀나가는 게 아니라 그럴수록 땅속 깊이 뿌리를 내립니다. 바람이 불면 나무는 단지 그 자리에 가만히 서 있는 게 아니라 사실은 온몸으로 바람을 이겨내며 스스로를 더욱 강하게 만들고 있는 것입니다.

사람도 마찬가지입니다. 갑자기 닥친 시련에 어쩌지 못하고 망연자실 손 놓고 있기보다는 거센 바람을 온몸으로 받아내며 아래로 뿌리를 내리는 나무처럼 내 앞에 놓인 시련을 피해가는 것이 아니라 짊어지고 앞으로 나아가야 합니다. 내 방만한 인격을 새롭고 견고하게 다지는 계기로 삼아야 할 것입니다.

그래서 소설가 박완서는 "시련이 닥치면 설렌다"고 말했나 봅니다. 새롭게 닥친 시련을 이겨내며 앞으로 자신이 어떻게 성장할지 생각하니 마음 설렐 수밖에 없었을 겁니다. 결코 언어의 유희로 그리 한 말이 아니라 직접 겪은 시련의 경험이 그로 하여금 이 같은 의미심장한 말을 독자들에게 화두처럼 던지게 한 것이겠죠.

시련(wind)은 그러므로 견디는 것이 아니라 이겨내는(win) 과정이라고 생각하는 것이 대단히 중요합니다. 시련을 이겨낸다는 적극적인 의미가 마음에 새겨져 있어야, 시련이 끝나면 단지 폭풍우가 지나가서 안심이라는 소극적인 의미를 넘어설 수 있습니다. 그렇지 않으면 더 큰 새로운 시련에 무너질 수밖에 없습니다.

시련을 극복하는 과정에서 가장 경계해야 할 것은 시련 속에서 맞는 소소한 좋은 일에 너무 빠지는 것입니다. 시련 속에서도 이따금 좋은 일이 생길 수 있습니다. 그러나 거기에 집착하면 더 큰 수렁에 빠질 수 있습니다. 그러니 시련의 터널에서 완전히 빠져나오기 전에는 긴장의 끈을 놓아서는 안 됩니다.

시련은 견디는 것이 아니라 이겨내는 것입니다.

내 의지와 무관하게 일어나는 시련은 없습니다. 시련이 생길 때는 그럴 만한 이유가 있어서 생기는 것임을 명심해야 합니다. 시련을 이겨내며 시련의 이유가 무엇인지 깊이 통찰하면 삶의 나태함에서 조금씩 벗어날 수 있고, 자신이 무엇을 놓치고 살아왔는지 알 수 있습니다. 시련이 닥쳤을 때 그것이 주는 의미를 분명히 인식하고, 시련을 이겨내면서 내 방만한 삶 속에 가졌던 나쁜 습관들을 고쳐내고 작은 일상의 기쁨을 느끼는 것이 '시련이 주는 선물'입니다.

시련은 삶의 적조를 걷어내는 태풍 같은 것입니다. 겉으로 보기에 문제가 없을 것 같은 삶이지만, 방향 없고 욕망에 가득 찬 삶을 태풍이 갈아엎으며 새롭게 청정바다로 만들어주는 것처럼 시련은 나를 거듭나는 존재로 만들어주는 고마운 인연입니다.

멸각심두화자량滅却心頭火自凉이라는 말이 있습니다. '마음의 번

뇌를 없애면 불 속도 서늘하다' 라는 뜻입니다. 시련이 사람을 망치는 것이 아니라 시련에 대한 망상이 사람을 망치는 것입니다. 시련이 오히려 나를 성장시킨다는 인식을 가지면 불을 서늘하게 느끼듯 혹독한 시련이 와도 견디기 힘든 시련처럼 느껴지지 않을 것입니다. 그러니 잊지 마세요. wind 안에는 win이 들어 있다는 사실을.

juice

달콤한 주스의 유혹을
얼음처럼 단호히 뿌리쳐라

유혹

🌷🌷🌷　　　우리는 살면서 온갖 유혹에 시달립니다. 더 먹고 싶고, 더 자고 싶은 단순한 유혹에서부터 남보다 더 잘나고 싶고, 더 인정받아 출세하고픈 유혹에 이르기까지 다양한 유혹이 우리를 괴롭힙니다. 특히 이성에 대한 유혹과 재물, 권력에 대한 유혹은 우리를 파멸에 이르게 할 수도 있습니다.

유혹은 예리한 칼날에 묻은 꿀과 같습니다. 칼에 묻은 달콤한 꿀을 핥을 때마다 혀는 베일 수밖에 없습니다. 유혹에 넘어간다는 것은 달리는 차 안에서 무방비상태로 운전대를 놓는 것과 같습니다. 욕망이 조종하는 대로 몸을 내맡기고 있다보니 차가 어디로 갈지 향방을 알 수 없습니다. 그야말로 속수무책입니다.

건강한 욕구를 추구하는 것은 인생에서 아무런 문제가 되지 않습니다. 문제는 자신이 통제하지 못할 과욕에 거의 습관처럼 빠져드는 것입니다. 모든 유혹은 정상적이지 않고 과도합니다. 유혹에 넘어가면 그 뒤에 남는 것은 쓰디쓴 고통과 실패뿐입니다. 유혹은 멋진 과대 포장지에 싸인 고통이라는 내용물에 불과합니다.

그러니 주의하세요. 행여 우리가 어떤 일에 실패했을 때에도 그 일에서 어떤 유혹에 넘어가 일을 그르친 것은 아닌가 면밀히 살펴볼 필요가 있습니다. '실패'를 뜻하는 failure에 '유혹하다'라는 의미의 lure가 들어 있음이 결코 우연은 아니겠지요. 그러나 잊지 마시기 바랍니다. 유혹을 물리치면 절제의 힘이 길러진다는 사실을. 절제는 행복을 불러오는 근원 중의 하나입니다.

유혹을 물리친 경험은 우리 마음에 절제의 힘을 길러줍니다.

그 절제의 힘은 어디서 나올까요? 유혹은 좋은 것이라는 허상을 깨는 데서부터 절제의 마음이 나오기 시작합니다. 마왕 파순이 부처님의 '성도'를 방해하기 위해 미녀들을 보내 부처님을 유혹합니다. 하지만 부처님은 미녀들을 똥오줌으로 가득 찬 잘 채색된 항아리에 불과하다고 생각했기에 그 어떤 유혹에도 전혀 흔들리지 않았습니다. 또한 그 미녀들에게 그들이 나이 들어 노파가 된 모습을 신통으로 보여주며 아름다움이 영원하지 않음을 깨우쳐주기도 했습니다. 유혹에 넘어가지 않았을 뿐더러 유혹의 대상을 오히려 교화시킨 것이지요.

유혹이 허상임을 깨우쳤으면, 그 다음에는 단호함이 필요합니다. 김유신 장군이 화랑도 시절에 자신의 방탕한 생활을 반성하고 천관녀라는 기생집에 가지 않기로 결심했으나, 말이 또 그 집에 들르자 단호히 말의 목을 베었습니다. 그런 단호함이 있었기에 김유신은 삼국 통일의 위업을 달성할 수 있었던 것이죠. 천관녀 역시 '천관사'라는 절을 짓고 김유신을 원망하기보다는 그를 위해 기도했으니 두 사람은 음주가무를 즐길 때보다 더 차원 높은 사랑을 했다고 할 수 있겠습니다.

유혹을 억지로 참으면 언젠가는 또 유혹에 넘어갑니다. 유혹의 대상에 반응할 수 있는 흔적이 마음에 조금이라도 남아 있으면 결국 또 유혹에 넘어가기 마련입니다. 그러니 어떤 대상에 마음이 쏠리면 대상에 끌려가지도 말고, 억제하지도 말 것이며, 그냥 알아차리고 그 마음이 사라질 때까지 지켜보세요. 이때 유혹의 대상에 넘어갔을 때 나타나는 결과를 미리 상상하면 유혹에 빠지는 마음을 좀 더 빨리 가라앉힐 수 있습니다.

가속페달과 브레이크는 자동차의 한 공간에 있습니다. 유혹의 가속페달을 밟아 대형사고를 내야 할지, 바로 옆 브레이크를 밟아 멈추는 것이 좋을지 유혹을 받는 상황에서 지혜롭게 판단해야 합니다. '극복하다'라는 뜻의 overcome에 'me'가 있는 것을 보면, 나를 극복하는 것이 유혹을 물리치는 가장 빠른 지름길임을 암시하기도 합니다.

유혹에 굴복하지 말고 스스로 정한 결심과 원칙에 굴복하세요.

일상에서 매번 부딪치는 작은 유혹을 뿌리치는 데서부터 절제를 훈련해보세요. 페이스북, 트위터, 인스타그램 등 SNS는 식사 후에만 한다는 원칙을 정해놓고 실행해보세요. 결국 유혹에 넘어가거나 빠지지 않는 가장 좋은 방법은 유혹보다 더 좋은 것을 내면에 지니고 있는 것입니다. 그것은 내가 진정 좋아하는 일을 하는 것, 나만 할 수 있는 일을 하는 것 등이 될 것입니다.

유혹에 넘어가지 않기 위해 우리가 일상에서 훈련해야 할 한글자는 juice입니다. 오렌지주스, 포도주스, 사과주스 등 그 어떤 주스든 주스는 아주 달콤합니다. 그래서 자꾸 더 마시고 싶어지지만 마실수록 목마름은 계속됩니다. 마치 달콤한 유혹을 뿌리치지 못하여 빠져들수록 더욱 갈구하게 되는 것과 같습니다. juice에는 ice가 들어 있습니다. juice는 여러 잔을 들이켜도 목마름이 해소되지 않지만, 시원한 얼음물은 한 잔만 마셔도 입안이 상쾌해지고 갈증해소에도 그만입니다. 일상에서 주스와 같은 달콤한 유혹이 오면 얼음처럼 단호히 뿌리치기 바랍니다.

　머리카락만 살짝 올려놔도 잘라지는 칼이 취모검입니다. 유혹을 뿌리쳐주는 한글자, juice 속 ice를 취모검이라고 생각하고 유혹이 오면 단호히 잘라버리세요. 일상에서 juice를 달콤한 유혹이라 마음에 꼭 새기고 나날이 단호함을 실행하길 바랍니다.

enemy 적은 나의 스승이다

적

❦ ❦ ❦ 　　　일상에서 우리의 '적'이라고 하면 나를 힘들게 하고 괴로움을 주는 상징적인 존재라고 할 수 있을 것입니다. 그런 적은 누구에게나 있습니다. 그 적 때문에 고통스러운 경우가 많습니다. 그러나 나에게 상처를 주고 나를 괴롭히는 사람이 오히려 나에게 큰 스승이나 마찬가지입니다. 내 뒤에서 나를 모함하는 사람 또한 나의 은인입니다.

그런데 날 이렇게 힘들게 하고 괴로움을 주는 사람이 어떻게 내 스승이 되고 은인이 될 수 있을까요?《장미의 이름》의 저자 움베르토 에코(1932-2016)가 그의 저서《적을 만들어라》에서 다음과 같이 말했습니다.

적을 통해서 나의 정체성이 끊임없이 확인됩니다. 타인의 시선으로 나를 볼 때 내가 잘 드러나기 때문입니다.

그렇습니다. 나를 힘들게 하는 사람을 통해 오히려 내 온전한 모습이 나타납니다. 나에게 호의적인 사람은 나의 단점보다는 좋은 점을 주로 봅니다. 그러나 나의 '적'은 끊임없이 내 뜻을 거스르거나 나를 비난합니다. 나의 적이라는 타인의 시선을 통해 나 자신을 객관화시켜 볼 수 있는 단초가 마련되는 것입니다. 다음은 영화〈대부 2〉에 나오는 대사입니다.

친구를 가까이 둬라. 그러나 적은 더 가까이 둬라.
Keep your friends close, but your enemies closer.

나와 가까운 사람들보다는 나의 적들이 오히려 나에 대해 더 많이 알고 있기에 이런 말이 가능한 것입니다. 내 뜻에 순종하는 사람보다는 내 뜻을 거스르는 사람들을 통해 나의 교만이 없어지기 때문입니다. 비록 한때는 나의 '적'이었지만, 나의 교만을 자각하고 없애주는 존재로 작용했다면 그가 바로 나의 스승이나 은인이 될 수밖에 없지 않을까요?

나의 천적은 나의 천사와 다름없는 존재입니다.

필자에게도 저를 힘들게 하고 험담하던 '적'들이 제법 있었습니다. 크고 작은 단체의 장을 맡고 있다보면 그런 적들은 항상 생깁니다. 그런 적들이 생길 때마다 택한 방법은 그들이 없는 자리에서 그들에 대한 이야기가 나오면 진심으로 그들이 가지고 있는 장점을 말했습니다. 누구나 장점이 있기에 단점보다는 그들의 장점을 평소 눈여겨보고 있다가 그런 말을 했습니다. 그 마음이 전달되었는지 저를 힘들게 하고 모함하던 사람들의 태도가 점점 바뀌면서 제게 다가오는 것을 경험한 적 있습니다. 이 모두가 그들을 나의 스승이나 은인으로 생각했기에 얻을 수 있는 소중한 경험이었습니다. 그러고 보면 인생에서 진정한 적은 나에게 아첨하는 사람입니다.

'적'이라는 뜻의 enemy에는 my가 들어 있습니다. 적은 나의(my)

무엇일까요? 그렇습니다. 적은 나의 스승입니다. 나를 힘들게 하고 고통을 주는 사람이 바로 나를 끊임없이 긴장하게 만들고 각성시켜 주는 고마운 사람입니다. 마치 사포砂布와 같은 존재라고 비유할 수 있을 겁니다. 그들로 인해 더욱 자신의 내면을 갈고 닦은 결과 현재의 지혜로운 자가 될 수 있었으니까요.

현명한 자는 나를 힘들게 하는 '적'에게서 배우는 사람입니다. 이 경지에 오르기가 결코 쉬운 일은 아니지만 타인으로 인해 힘들 때마다 ememy라는 한글자를 계속 떠올리면서 내가 경계하는 그들이 바로 나의 은인이라고 여기고 마음수양을 계속 해보기 바랍니다. 점진적인 마음수양을 통해 어느새 당신은 지혜로운 사람이 되어 있을 것입니다.

나를 힘들게 하는 사람과 내가 나란히 평행선을 달리고 있다고 생각해보세요. 서로 만날 수는 없지만 나란히 마주 보며 내게 항상 배울 거리를 제공하는 존재라고 생각해보세요. 그러면 그동안의 상대에 대한 미움과 증오의 마음은 눈 녹듯 사라지고 어느 순간 그의 장점이 보이기 시작할 것입니다. 그런 날이 올 때까지 끝없이 한글자 enemy를 훈련하기 바랍니다.

trash

미움과 원망은 쓰레기와 같으니
태워서 재로 날려보내라

미움과 원망

나에게 피해를 입히거나 나를 괴롭히는 사람에게 미움이나 원망이 드는 것은 당연한 일일 겁니다. 하지만 그러한 생각을 계속 마음속에 담고 있으면 그 마음이 스스로를 갉아먹고 더럽혀지며 사람을 점점 피폐하게 만듭니다. '미워하면서 닮는다'는 말이 있습니다. 또 '못된 시어머니 밑에 못된 며느리가 나온다'는 말도 있습니다. 미움을 가슴에 담고 있으면 그렇게 미워했던 사람의 언행을 아이러니컬하게도 나도 모르게 따라하게 됩니다. 그러니 미움이나 원망은 마음의 쓰레기라 여기시길 바랍니다. 쓰레기는 어떻게 해야 할까요. 태워서 재로 만들어야 하겠죠. 누구는 원망을 돌에 새기고, 누구는 원망을 해변의 모래에 새긴다고 합니다. 하지만 누구는 허공에 원망을 새긴다고 합니다.

이 모두 미움과 원망의 흔적을 마음에 남기지 않는다는 뜻이겠지요. 마음속의 미움과 원망을 가슴에 채워두지 말고 훨훨 날려보내세요. 그래서 '원수는 물에 새기고 은혜는 돌에 새기라'라는 말이 가슴에 사무치게 와 닿는 것입니다. 마음속에 미움이나 원망을 담고 있는 것은 신발 속에 모래를 담고 걷는 것과 같습니다. 모래를 담은 발걸음이 얼마나 무겁고 불편하겠습니까? 모래를 털고 걸으면 발걸음이 편해지는 것처럼 미움이나 원망을 마음속에서 지워버리면 마음에 평화가 깃듭니다. 미움이나 원망은 또한 마음속에 잔뜩 독을 품고 있는 것과 같습니다. 결국 밖으로 향하지 못한 독소는 부메랑처럼 내 몸속으로 파고들어가 먼저 내 몸을 망치고 말 것입니다. 미움과 원망을 털어 버리는 것, 이것이 스스로에게 해독제를 처방하는 것과 같음을 잊지 마시기 바랍니다.

미움과 원망을 가슴에 오래 담고 살면 그 마음이 나를 비웃으며 힐 난의 눈빛으로 바라본다는 사실을 알아야 합니다. 마치 오랫동안 청 소를 하지 않아 수북이 쌓여 있는 더러운 먼지들이 나를 무심히 지켜 보듯 말입니다. 일단 마음을 항상 청정하게 유지하려면 미움과 원망 을 마음에서 비워내야 합니다. 미움과 원망을 가지고 남을 대한다는 것은 진흙더미를 상대에게 집어던지는 것과 같습니다. 진흙을 던지 려면 내 손이 먼저 더럽혀져야 합니다. 얼마나 어리석은 일입니까.

누군가를 미워하고 원망하면 자신의 마음이 먼저 더럽혀집니다. 내가 미워하고 원망하는 대상은 원한을 갚아야 할 대상이 아니라 고 마움을 표해야 할 사람들입니다. 그들이 있었기에 오히려 나의 정신 이 더 강건해졌으며, 그들 때문에 용서하고 이해하는 마음이 더 넓어 졌기 때문입니다.

미움과 원망은 오직 용서와 이해로만 사라집니다.

어릴 적 아버지를 미워하고 원망한 적이 있었습니다. 아버지는 미 군부대에서 나오는 쓰레기가 모이는 오물장에서 주로 깡통을 골라 다시 가공하여 철물점이나 지방의 시장에 파는 장사를 했습니다. 코 카콜라나 펩시콜라 깡통은 다섯 개로 연결하여 연통을 만들어 '빠이 뿌'라는 이름으로 전국의 철물점으로 팔려나갔고, 케첩깡통과 버터

깡통은 양잿물이 담긴 드럼통에서 잘 닦여 젓갈과 엿기름을 담는 통이 되어 전국의 시장으로 팔려나갔고, '중깡'이라는 이름으로 불린 썬키스트 오렌지주스깡통은 봉제공장의 실을 감는 용도로 가공되어 전국의 봉제공장에 팔려나갔습니다. 공부할 시간도 없이 노동에 매달려야 했던 그 시절은 아버지가 원망스러웠습니다. 하지만 가장 춥고 더운 시간에 그렇게 하루종일 노동을 하며 성장하였기에 이후 노동하는 사람들의 마음을 이해할 수 있었고, 삶에 곤란이 닥쳤을 때 능히 이겨낼 수 있는 힘을 길렀습니다. 그때 얻은 값진 경험을 헤아려보면 새삼스럽게 아버지에 대한 감사의 마음이 앞섭니다.

'쓰레기'를 뜻하는 trash에는 '재'를 의미하는 ash가 들어 있습니다. 미움과 원망은 마음속의 '쓰레기(trash)이니 태워서 재(ash)로 날려버려라'라고 두 한글자를 연결하여 생각해보세요. 그러나 말이 쉽지, 누구나 각자 말 못할 뼈아픈 사연 하나쯤은 가슴 한 편에 품고 살아가며, 죽을 때까지 치유될 수 없는 상처, 피맺힌 원한 등으로 피폐한 삶을 이어가는 사람들도 있습니다. 그런 사람들에게 갑자기 오랫동안 품고 있던 타인에 대한 미움, 원망 등은 쓰레기 같은 것이니 태워서 재로 날려 보내라고 한다면 황당하기 이를 데 없겠죠.

문제는 너무 오랫동안 미움과 원망, 원한을 가슴에 품고 살아가면 이것이 독소가 되어 당사자의 순수한 영혼조차 갉아먹게 된다는 점입니다. 마음속에서 독버섯처럼 자라나는 증오의 악감정을 걷어내고 속을 깨끗이 비워낼 때 당신의 얼굴은 비로소 맑아질 수 있습니다.

미움과 원망이란 지난 삶 중에서 증오의 기억만 또렷이 오려내어 가슴에 지니고 다니는 것과 다름없습니다. 마음을 채근질해서 행복과 기쁨만 거르고 미움과 원망은 흘려보내세요. 미움과 원망이라는 악감정을 모두 저 허공에 날려버려야 비로소 용서의 마음이 생긴다는 사실, 잊지 마시기 바랍니다.

hold

낡은 생각을 붙잡고 있지 마라

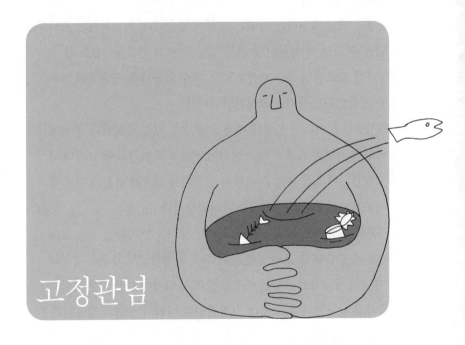

고정관념

❦ ❦ ❦　여름 다음에 가을이 오는 것은 당연한 일입니다. 그런데 한국에서 여름에 오스트레일리아를 가면 그곳은 겨울이기에, 한국에서 여름을 보내고 오스트레일리아에 가면 거꾸로 봄입니다. 경우에 따라서는 여름 다음에 항상 가을이 오는 게 아닌 셈입니다. 여름 다음에 가을이 온다는 것은 어쩌면 고정관념일 뿐입니다.

2 더하기 2만 4가 아니고, 1 더하기 3도 4입니다. 고정관념에서 벗어나면 문제를 해결하는 방법은 수없이 많습니다. 커피산에는 커피만 담을 수 있는 게 아닙니다. 물도 담을 수 있고 연필꽂이로도 쓸 수 있습니다. 필요하면 작은 화분으로도 쓸 수 있습니다. 커피잔에 커피만 담을 수 있다는 생각은 고정관념입니다.

고정관념을 버리면 신발에 지퍼를 달 수도 있는 것입니다. 중세에는 태양이 지구 주위를 돈다는 생각이 지배적일 때입니다. 그러나 그런 고정관념에 의문을 품은 사람이 있었기에 집요한 관찰과 연구 끝에 지구가 태양을 돈다는 사실을 밝혀냈습니다.

기존의 틀에서 벗어나지 못하고 같은 생각을 반복하는 것은 고여 있는 물과 같습니다. 고여 있는 물이 썩듯 고정관념도 자신을 망칩니다. 자신의 생각만이 옳다는 아집을 품고 다니기에 항상 다른 사람과 충돌하고 갈등합니다. 그런데 고정관념은 버리기가 쉽지 않습니다. 호두알을 먹으려면 견고한 호두껍질을 깨야 하는 것처럼, 오랜 세월 습관처럼 몸에 밴 고정관념을 깨지 않으면 새로운 '생각의 골수'를 얻을 수 없습니다. (두뇌와 호두알은 모양이 비슷합니다.)

호떡도 뒤집어야 다 익듯이, 기존 생각을 고수하지 않고 전복적일 때 새로운 생각이 쏟아져 나옵니다.

고정관념을 버리면 창의적이고 긍정적인 사고를 선물처럼 얻을 수 있습니다.

창의적인 사고의 예를 들어볼까요. 벽에 그은 선을 손대지 않고 짧게 만들려면 어떻게 해야 할까요? 고정관념을 버리는 창의적 사고가 훈련이 되지 않은 사람은 이미 그어진 선을 가지고 어떻게 해결해보려고 합니다. 그러나 창의적인 사람은 벽에 그은 선 밑에 더 긴 선을 그어버립니다. 또한 고정관념을 버리면 긍정적인 사고를 하게 됩니다. 시험에 떨어지면 내 대신 누군가가 합격했으니 좋은 일을 했구나 하고 생각하면 되고, 왼팔이 부러지면 오른팔까지 부러지지 않은 걸 다행이라고 생각하면 되고, 삶에 시련이 오면 삶의 거품이 꺼지고 시련을 극복하면서 내가 더 단단해지겠구나 생각하면 됩니다.

시를 좋아해서 시집 사기를 즐깁니다. 오래전 천양희 시인의 《마음의 수수밭》이란 시집을 사서 읽다가 〈직소폭포〉라는 제목이 눈에 들어왔습니다. 그래서 문득 직소폭포에 가본 적이 없으니 폭포 앞에서 시를 읽으면 어떤 느낌일까 하는 생각으로 전북 부안군 내변산 안에 있는 직소폭포 앞에서 시를 읽어본 적 있습니다. 시인의 감성이 더 깊숙이 제게 전달되는 느낌이었습니다. 그 후로 시집을 사서 시를 읽다가 가보지 못한 생경한 장소가 나오면 메모해두었다가 그곳에 직접 가서 책을 읽어보는 습관이 들었습니다. 나희덕 시인의 〈천장호에서〉, 김명인 시인의 〈고복저수지〉, 이재무 시인의 〈강경 역〉, 김기택 시인의 〈교동도에서〉 등의 시를 음미하기 위해 호수, 저수지, 역, 섬 등을 둘러보며 작품의 현장에서 시를 읽어보았습니다. 집이나 도서관에서 꼭 책을 읽어야 한다는 고정관념을 깨고 시에서 구체적으로 지명이 언급된 장소에서 시를 음미하면서 오감을 보다 확장시켜 보았습니다. 그동안의 길들여진 책읽기 습관에서 과감히 벗어났더니 이전과는 전혀 다른 삶의 풍요를 느낄 수 있었습니다.

'담판한擔板漢'이라는 말이 있습니다. 자기 키보다 큰 널빤지를 등에 지고 가는 사람을 말합니다. 고정관념을 가진 사람은 담판한이나 마찬가지입니다. 넓게 볼 수 있는 시야를 마다하고 바로 앞만 보는 사람이기 때문입니다. 고정관념은 쉽게 고쳐지는 것이 아니니 화두처럼 제시하는 다음의 한글자를 마음에 새기며 매일 훈련하기 바랍니다.

old라는 말은 '늙은'이란 뜻도 있지만 '낡은'이란 뜻도 있습니다. 고정관념은 같은 비디오를 반복해서 보는 것처럼 습관적인 면도 있지만, 오래되어 낡은 것이기도 합니다. 그런 낡은 생각을 계속 잡고 있어서는 안 되겠지요. '잡다'라는 뜻의 hold에 old가 들어 있습니다. '낡은 생각을 붙잡고 있지 마라'는 의미로 새기면 됩니다. 내 고정관념을 깨뜨릴 한글자, hold가 반갑지 않나요?

Coin

일어난 일의 안을 잘 살펴보면
동전처럼 양면이 있다

전화위복

✱ ✱ ✱　　우리는 세상에 일어난 모든 일에 대해 평가의 잣대를 들이대며 좋은 일과 나쁜 일로 구분짓는 습성이 있습니다. 그러나 살다보니 알게 되더군요. 좋은 일도 지나면 때론 나쁜 일이 될 수 있고, 나쁜 일도 지나면 좋은 일이 될 수 있다는 사실을. 그러던 어느 날, 또한 무심코 깨닫게 됩니다. 일어난 일은 그냥 일어난 일에 불과한 것이구나. 아, 그래서 '전화위복'이나 '새옹지마'라는 말이 있구나 자연스럽게 받아들이게 됩니다. 되돌아보면 이런 진리를 깨닫기까지 많은 세월을 필요로 했습니다.

정말 좋아서 결혼했는데 살아보니 서로 성격이 안 맞아 이혼하는 일이 생기니 그토록 좋았던 일도 나중까지 꼭 좋은 일이라 말할 수 없습니다. 정말 좋아했던 사람과 이별하여 상심해 있었는데, 더 좋은 사람을 만났다면 당장 생긴 나쁜 일이 꼭 나쁜 일이라고 단정지을 수도 없습니다.

그러니 중요한 것은 일어난 일을 냉정하게 바라보고 좋다고 너무 호들갑 떨지 말 것이며 나쁜 일이라고 너무 마음 상해하지 않는 것입니다. 그래서 《논어》에 '낙이불음 애이불상 樂而不淫 哀而不傷'이라는 말이 있는 것입니다. 즐겁다고 너무 빠져들지 말고 슬프다고 너무 상심하지 말라는 말입니다. 노자의 《도덕경》에도 '화혜복지소의 복혜화지소복 禍兮福之所倚 福兮禍之所伏' 즉 '화 곁에 복이 기대섰고 복 속에 화가 숨어 있다'는 말이 있습니다. 불가에서도 낙이즉고 번뇌즉보

리樂而卽苦煩惱卽菩提라고 했습니다. 즐거움이 고통이고, 번뇌가 곧 깨
달음이라는 뜻입니다. 유불선儒佛仙의 모든 가르침이 이렇듯 좋은 일
이 반드시 좋은 일만은 아니고 나쁜 일이 반드시 나쁜 일이 아니라는
것을 깨우쳐주고 있습니다. 즐거워서 했는데 결국 고통을 안겨주고,
고통스러운 일로 힘들었는데 그 일로 인해 큰 깨달음이 있기에 그런
말이 있는 것이겠지요.

**일어난 일에 대해서 언제나 긍정적으로 바라보는 태도를
가져야만 어디에도 얽매이지 않고 행복할 수 있습니다.**

일의 한 면만 보기에 발생한 일에 대해서 제대로 파악하지 못하고
사물의 전체적인 면모를 정확히 파악하지 못하는 것입니다. 양면을
본다는 것은 통찰력을 기르는 일입니다. 내가 시험에 합격하더라도
누군가는 떨어졌을 테니 마냥 기뻐할 일만은 아닙니다. 반대로 내가
시험에 떨어졌다고 해도 누군가는 합격했을 테니 반드시 나쁜 일만
은 아닙니다.

이렇게 사물의 양면을 다 보기에 내 마음이 어느 한쪽에만 치우치지
않고 기쁨과 행복을 느낄 수 있습니다. 이와 같이 일어난 일을 총체적
으로 바라보면 내 마음이 한없이 평화롭고 고요해집니다. 인생은 내가
원하는 대로 이루어지지 않습니다. 그리고 내가 원하는 대로 되었다
해도 그 일이 반드시 좋은 결과만을 가져오는 것도 아닙니다.

결과에 관계없이 과정 자체에 즐거움을 느껴야 합니다. 내가 의도한 일이든, 예상치 못하게 내 인생에 갑작스레 닥친 일이든, 모든 일에는 양면이 있다는 것을 항상 유념하기 바랍니다. 재앙이 복이라는 말이 있습니다. 재앙 속에서 가장 큰 깨달음과 삶의 진리를 얻을 수 있기에 그렇습니다. 그러니 어떤 일이 내게 닥쳐도 이에 쉽게 빠져들거나 흔들리지 않겠다는 마음의 자세가 중요합니다. 그래서 내 앞에서 일어난 모든 일은 내게 공부거리입니다. 큰일이든 작은 일이든 기쁘고 슬픈 일이든 모두 나로 하여금 양면을 볼 수 있게 하여 통찰력을 길러주는 좋은 원료들입니다. 또한 내가 하는 일이 동전의 양면처럼 재미와 의미를 동시에 담고 있다면 진정 성공한 삶을 살고 있다고 할 수 있을 것입니다.

산행을 하다 미끄러져 오른쪽 손목을 크게 다친 적이 있습니다. 손목의 뼈들이 많이 손상되어 철심을 박아 고정해야 할 정도였습니다. 그래서 한동안 깁스를 하고 지내느라 식사할 때도 글을 쓸 때도 왼손밖에 쓸 수 없었습니다. 왼손만 쓰며 불편함을 겪었지만 오른손을 편하게 쓸 수 있었던 것이 얼마나 감사한 일인지를 알게 되었습니다. 이 사고를 계기로 오른손과 왼손을 동시에 쓸 수 있는 양손잡이가 되었으니 사고로 인해 오히려 뜻밖의 수확을 얻은 셈이 되었습니다.

'동전'이란 뜻의 coin에는 in이 들어 있습니다. '일어난 일의 안을 (in) 자세히 들여다보면 동전(coin)처럼 양면이 있다'라고 두 의미를 연결하여 생각해보세요. 그리고 어떤 일이 일어나든 양면을 보는 태도를 coin을 보면서 항상 훈련하기 바랍니다.

불교경전《반야심경》에 '부증불감不增不減'이란 말이 있습니다. '늘어난 것도 없고 줄어든 것도 없다'는 말입니다. 밤하늘의 초승달이든 그믐달이든 눈에 보일 때는 크기가 줄어든 것처럼 보이지만 실제는 변함없는 보름달의 모습을 하고 있습니다.

그렇습니다. 어떤 일이든지 나쁜 일은 없습니다. 나쁜 일만큼 좋은 교훈이 항상 남겨지기 때문입니다. 그것을 늘 가슴에 새기길 바랍니다.

think

생각을 날씬하게 다이어트 하라

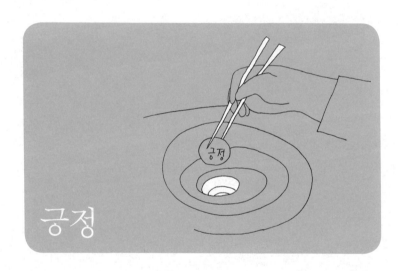

❦ ❦ ❦ 우리는 일을 할 때나 길을 걸을 때도 하다못해 밥을 먹거나 잠들기 전에도 거의 하루 종일 이런저런 생각으로 머리가 복잡합니다. 마치 시계바늘의 초침이 숫자를 달리하며 계속 일정방향으로 돌아가듯 끊임없이 대상을 바꿔가며 오만 가지 생각으로 머리가 쉴 겨를이 없습니다.

인간은 태생적으로 긍정적인 생각보다는 부정적인 생각을 많이 한다고 합니다. 불안, 허무, 두려움, 조급함, 미움, 절망, 질투 등 머릿속에 온통 부정적인 생각으로 가득 차 있습니다. 이렇게 부정적인 생각을 많이 하다보면 나쁜 생각이 마음을 온통 지배하여 결국 부정적인 행동으로 이어지게 됩니다.

나쁜 생각으로 가득 차 있는 불만투성이인 뇌의 상태를 체형에 비유한다면 울퉁불퉁 비곗덩어리가 가득 찬 비만상태라고 할 수 있습니다. 그래서 위에 나열한 부정적인 생각을 몰아내는 데에는 역시 운동이 그만입니다. 머릿속에 오로지 긍정적인 생각만 남도록 생각을 날씬하게 다이어트해야 하겠습니다.

그렇다면 어떻게 해야 생각을 날씬하게 만들 수 있을까요? 가장 좋은 방법은 긍정적인 생각에 집중하는 것입니다. 예를 들면 놀이터에서 다른 놀이는 전혀 생각지 않고 오로지 모래성쌓기에 집중하는 어린아이처럼 지금 하는 일에만 몰두하세요.

일어난 모든 일에 대해 긍정적인 생각을 하세요.

내게 일어난 그 어떤 일도 모두 긍정적으로 전환시키는 것이 바로 생각을 날씬하게 다이어트하는 최상의 방법입니다. 요리의 대가를 보면 재료가 부실해도 자신이 가진 감각과 기지를 발휘하여 최고의 요리를 선보여 보는 이로 하여금 탄성을 자아내게 하는 일이 흔히 있습니다.

부정적인 생각으로 마음이 울적할 때, 이렇게 한번 생각해보는 것은 어떨까요? 예를 들면 최선을 다했지만 시험에 떨어졌을 경우, 나 대신 다른 사람을 합격시키는 공덕을 지었다고 생각해보세요. 만약 길을 가다가 돌부리에 걸려 넘어져 다리가 삐었다면 부러지지 않은 게 다행이라고 생각하면 어떨까. 잘 나가던 삶이 예상치 못한 시련 때문에 고통스러울 땐 지금이야말로 허황된 삶을 청산하고 세상을 제대로 살 수 있는 기회가 생겼다고 자신을 위로해준다면 너무 억지스러운가요. 긍정적인 사고는 알이 곧 부화하여 병아리가 되듯 긍정적 행동을 유발합니다. 부정적인 생각을 할수록 생각은 실타래처럼 더욱 꼬여가지만, 긍정적인 생각은 정교하게 잘 짜인 거미줄처럼 지혜로운 행동을 자아냅니다. 그런데 이것은 단 한 가지에 집중했을 때 가능한 일입니다. 오로지 긍정적인 사고에 집중했을 때 지혜로운 행동은 저절로 유발됩니다.

그렇다면 우리는 왜 부정적인 생각에서 헤어나지 못하는 걸까요? 생각이 한쪽으로 치우친 나머지, 균형 있는 사고가 이루어지고 있지 않기 때문입니다. 긍정적인 생각을 하고 있다는 것은 한쪽으로 사고가 기울지 않은, 전체적으로 균형잡힌 생각을 하고 있음을 입증하는 겁니다. 그러니 당신 머릿속에 가득한 부정적인 생각을 지금 당장이라도 몰아내고 긍정적 사고로 생각을 전환하기 바랍니다. 긍정적 사고를 촉발하는 용광로에서 '거대한 긍정'의 힘을 만들어내세요. 무지개는 만질 수 없지만 아름답습니다. 생각도 만질 수 없지만 무지개처럼 아름답게 만들 수 있습니다. 그러니 머릿속을 오직 무지개처럼 아름다운 '대긍정'으로 채우세요. 부정적 사고의 블랙홀에 빠지지 말고 거대한 긍정이라는 용광로를 만들어내세요.

'생각하다'라는 뜻의 think에는 '날씬한'이란 의미의 thin이 들어 있습니다. 머리가 부정적인 생각으로 꽉 차 있는 비만상태라면 긍정적인 사고 하나로 생각을 날씬하게 만들라는 뜻이 담긴 한글자 think을 떠올리기 바랍니다. 사람은 동시에 두 가지를 생각할 수 없습니다. 일단 머릿속이 긍정적인 사고로 가득 채워졌다면 감히 부정적인 생각이 들어설 자리가 없습니다.

think라는 한글자에는 ink도 들어 있습니다. 머릿속에 생긴 불안, 두려움, 절망을 방치하는 것은 마치 검은 잉크를 떨어뜨려 머릿속에서 번지게 하는 것이나 마찬가지입니다. 파랑새가 희망을 상징하듯, 가능성은 항상 '레드 오션red ocean'이 아닌 '블루 오션blue ocean'에 있듯 머릿속에는 항상 파란 잉크가 번지게 하세요. 그럼 긍정의 에너지가 마음 깊은 곳에서 솟아오름을 느낄 겁니다. think라는 단어 안에는 ink도 함께 들어 있음을 항상 마음속에 새기길 바랍니다.

good 좋으면 그 길로 가라

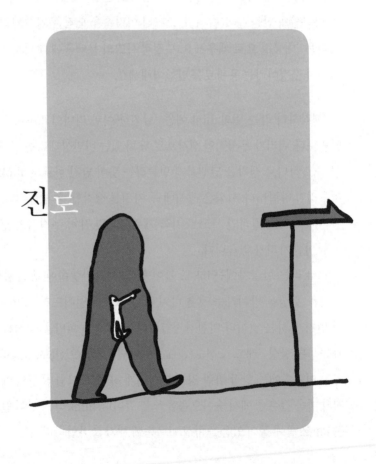

진로

❀ ❀ ❀　　　　일을 선택할 때는 자신이 좋아하는 일을 해야 합니다. 세상 사람들이 다 가는 그 길이 아니라 자신의 가슴을 뛰게 하는 일을 해야 합니다. 그래야 후회가 없습니다. 자기가 원하는 일을 하지 않으면 가을바람에 휘날리는 낙엽처럼 바람이 그치면 어느 강물에 떨어질지 모르는 초라한 신세가 되고 맙니다.

자신이 진정 원하는 일을 할 경우, 어떤 좋은 일이 생길까요? 자신이 좋아하는 일에 의욕적으로 뛰어들면 반드시 창의적인 생각이 뒤따라옵니다. 어쩌면 세상을 변화시킬 아이디어가 나올 수도 있습니다. 자신이 누구의 생각이나 말에 휘둘리지 않고 온전히 자기 생각과 일의 주인이라면 무슨 일이든 해낼 수 있습니다. 무엇이든 좋아서 일을 하는 사람은 남의 일을 할 때도 주인의식을 가지고 행합니다.

필자가 영어를 가르쳐서 그런지 독특한 이력을 가진 영어선생님들에게 관심이 많이 갑니다. 그 중 가장 제 시선을 끈 선생님은 시각장애인 영어선생님입니다. 시각장애인이면서 장애학교가 아닌 일반학교에서 영어를 가르치는 이 선생님은 자신이 정말 좋아하는 영어를 가르치며 세상에서 가장 행복한 사람이 되었습니다. 시각장애인이라는 걸림돌은 영어를 좋아하는 그에게 아무런 문제가 되지 않았던 것입니다. 그냥 자신이 하고 있는 일이 좋아서 그 길로 갔을 뿐입니다.

일을 정하거나 진로를 결정할 때에는 마음 깊은 곳에서 울리는 소리에 따라 가야 할 방향을 결정하세요. 마음이 진정으로 바라는 쪽으로 결정하세요.

자신이 좋아서 선택한 일을 해내는 경우, 처음에는 힘들겠지만 차차 일에 대한 전문성과 독창성을 지니면서 종국에는 그 일을 즐기는 경지에까지 이를 수 있습니다. 공사장 인부에게 모래는 일의 대상이지만, 놀이터에 있는 모래는 아이들에게 놀이의 대상입니다. 수동적으로 일에 임하면 시간이 지날수록 그 일이 힘에 부칠 것이고, 내가 좋아서 하는 일은 시작하는 바로 그 순간부터 일종의 '놀이'가 됩니다. 내가 좋아서 그 길을 가다보면 세상에 없는 나만의 유일한 길을 만들어낼 수 있습니다. 원래는 길이 없었으나 내가 그 길을 가면서 길이 생길 수도 있습니다. 좋아서 가는 길에서는 남이 가지 않은 전인미답의 새 길을 개척할 수도 있습니다.

그래서 내가 좋아서 가는 초행길은 아무도 밟지 않은 하얀 눈길 위에 내 첫발을 내딛는 것과 같습니다. 미지의 그 길을 걸어가는 마음은 불안하고 두렵기 짝이 없지만, 가다가 뜻하지 않은 새 길을 발견할 수도 있습니다. 무심코 아무 뜻없이 가는 길에서 갑자기 요행처럼 목표를 이루는 일은 결코 없습니다. 아무도 가지 않는 외롭고 험난한 길이라도 진정 자신이 원해서 가는 길이라면, 꾸준히 그 길을 걷다보면 반드시 목표를 이룰 수 있음을 주지하기 바랍니다.

매일 눈 뜨면 어서 일을 하고 싶어 안달난 사람처럼 자신의 일이나 직업을 좋아하는 사람은 자기분야에서 확고한 인정을 받을 만한 자격을 갖춘 사람입니다. 그리고 자신이 원하는 일을 하면서 삶을 주도적으로 이끄는 것이야말로 진정한 행복에 다가서는 첩경이라 할 수 있습니다. 남들이 안 가는 척박한 길을 가는 것이 더러 힘들고 외롭겠지만, 꾸준히 그 길을 가다보면 앞으로 내가 가는 길이 등대처럼 다른 사람을 그 길로 인도하는 길잡이가 되어줄 것입니다. 이런 경험을 통해 내가 가는 길이 가치 있고 의미 있는 길이라는 것을 깨닫게 됩니다. 이때 주의할 것은 남들과 달리, 나만의 길을 올곧게 가는 것은 내가 똑똑하고 특별한 사람이어서가 아니라, 나만의 길을 가는 세상에 단 하나뿐인 특별한 존재이기 때문이라고 생각하세요. 그러려면 사물과 세상을 보는 나만의 눈이 있어야 하고, 그래야 내가 하고 싶은 길을 선택해서 당당히 그 길로 들어설 수 있습니다. 이미 첫발을 내딛는 그 순간부터 창조의 첫걸음을 제대로 뗀 것입니다. 거칠고 험난한 길을 걷고 있는 당신은 어느덧 그 분야의 선각자가 되어 다른 사람들에게 길을 인도하는 등불이 되어 있을 겁니다.

최고보다는 최초가 되는 것이 좋습니다. 최고는 바뀔 수 있지만 최초는 바뀌지 않습니다. 이왕에 내가 좋아하는 길을 가기로 마음먹었으면 급하게 서둘지 말아야 합니다. 남의 눈치 보지 말고 나만의 속도로 자신의 길을 걸어가는 것이 중요합니다. 자신의 길을 간다는 것은 타인과 경쟁하는 것이 아니라 자신과 경쟁하는 외로운 길입니다.

필자는 어릴 때부터 영어에 관심이 많았습니다. 미군이 버린 쓰레기를 모아놓은 곳에서 생계를 위해 깡통을 골라내는 일을 했는데 그

깡통에 적혀 있는 영어단어가 궁금해서 자꾸 사전을 찾아본 것이 영어를 좋아하는 계기가 되었습니다. 그렇게 단어를 공부하다 어느날 우연히 mother라는 단어에 '나방'이란 뜻의 moth가 들어 있음을 알게 되었습니다. 그 이후부터 영어사전을 모두 뒤져가며 한 단어 안에 또 어떤 단어가 들어 있는지 흥미진진하게 찾아보았습니다. 이러한 과정을 통해 평생 영어와 관련된 일만 하는 외길을 가게 된 것입니다. 그래서 결국 영어로 특허를 받아《특허받은 영단어 학습법》《특허받은 영어 학습법》《특허반은 생활영어》등을 출간할 수 있었습니다.

그리고 영어공부에 재미와 의미를 담아 독특하게 영어를 학습할 수 있도록 그 방법을 연구하는 오직 한 길만을 걸어서 여기까지 왔습니다. 그 이면에는 법대 출신인 부친의 강력한 반대가 있었습니다. 그러나 저는 기필코 제가 좋아하는 영문학을 선택했습니다. 지금도 자신이 좋아하는 일이라면 그 어떤 반대가 있어도 자신의 길을 당당히 걸어가야 한다는 생각에는 변함이 없습니다.

'좋은'이란 뜻의 good에는 '가다'라는 의미의 go가 들어 있습니다. 좋으면 그 길로 가라는 의미가 숨어 있다고 봐야겠지요. 자신의 길을 묵묵히 걸어가는 사람은 그 자체로 향기를 발산하는 독립적인 존재입니다. 자신이 좋아서 걸어간 삶은 결국 어디에 있든지 그 삶 자체가 하나의 작품입니다. 좋아하는 일을 열정적으로 해내고 있는 자신의 모습이 세상에서 가장 빛나는 존재임을 명심하세요. 그러니 잊지 마세요. good에는 go가 들어 있다는 사실을.

interest

재미는 휴식하듯 해야 생긴다

재미

✹✹✹   《논어》에 다음과 같은 말이 있습니다.

지지자불여호지자, 호지자불여락지자
知之者不如好之者, 好之者不如樂之者
(아는 사람은 그것을 좋아하는 사람만 못하고
좋아하는 사람은 즐기는 사람만 못하다.)

그렇습니다. 아무리 열심히 일을 하는 사람이라도 자기 일을 정말
로 즐기면서 하는 사람을 당해낼 재간은 없습니다. 그런데 현실은 어
떤가요? 우리는 대부분 자신이 하는 일을 즐기기보다는 의무감으로
행하는 경우가 많습니다. 거의 '일의 노예'처럼 살아간다고 해도 과
언이 아닙니다. 그렇게 일을 하면 겉보기에는 정말 일만 열심히 하는
사람처럼 보여도 결국 지나치게 일에 매몰된 나머지, 진정한 자신의
행복은 찾지 못하거나 상실한 채 생을 끝낼 수도 있습니다.

불교경전 《반야심경》에 보면 '이무소득고以無所得故'라는 말이 나
옵니다. '이로써 얻을 바 없는 까닭으로'라는 뜻입니다. 그렇습니다.
무엇을 얻겠다고 하면 집착하게 됩니다. 어린아이들은 아무 생각 없
이 곧 무너질 모래성을 시간가는 줄 모르고 쌓습니다. 얻겠다는 생각
에서 벗어나 그냥 할 일을 하다보면 오히려 더 큰 힘이 생기며 강력한
추진력이 발동됩니다. 무엇인가 얻겠다는 조급한 생각은 지금 해야
할 일의 시야를 좁혀버리지만, 지나친 성취욕을 지금 이 순간 놓아버

리면 뜻밖에 지금 해결할 일의 전모가 드러나며 도달하려는 목표에 보다 가까이 다가설 수 있습니다. 지나친 욕심을 버리고 지혜롭게 보이는 대로 즐기면서 일을 하세요. 그러면 그렇게 도달하려고 안간힘을 쓰던 그 목표가 성큼 도래하며 머지않아 원하는 바, 소원한 바가 이루어질 것입니다.

얻고자 하지 말고 휴식을 취하듯 재미있게 하면 모두 이루어집니다.

이번에는 영어로 특허를 받은 제가 어떻게 학생들에게 영어를 재미있게 가르치는지 그 방식에 대해 한번 소개해 보겠습니다. 예를 들어 '재촉하다'라는 뜻의 urge라는 단어는 기존의 암기방식대로 그냥 외우는 수밖에 없습니다. 이렇게 많은 단어들을 그냥 외우니 의무감으로 영어공부를 할 수밖에 없는 것이겠죠. 마치 이는 반찬 없이 맨밥만 먹는 것과 같습니다. 그러나 영어공부를 재미있게 한다는 것은 마치 따끈한 찰밥을 맛있는 반찬과 곁들여 먹는 것과 같습니다.

그것은 인간의 상상력을 활용하는 것입니다. hamburger라는 단어를 볼까요. 이 단어를 보고 놀이공원에서 실컷 놀고 난 아이가 배고프다고 햄버거를 사달라고 조른다(urge)고 상상해보세요. 그리고 hamburger 안에 있는 urge를 연결시키면 urge라는 단어는 '의무감'으로 외우는 단어가 아니라 상상력으로 '재미있게' 공부할 만한 단어가 됩니다. 내친 김에 두 단어를 가지고 각자 만들고 싶은 대로 문 장을 만들어도 됩니다. My son urged me to buy a hamburger at the amusement park(아들이 놀이공원에서 햄버거를 사달라고 졸랐다). 이렇게 단어와 문장을 공부하면 재미있습니다. 놀이하듯 공부하니 재미있을 수밖에 없습니다.

hamburger에 있는 urge를 통해 purge(숙청하다), surge(갑자기 밀려들 다)와 같이 어려운 단어들도 쉽게 기억할 수 있습니다. urge라는 단어 에 단지 철자 하나씩만 붙여서 재미있게 공부할 수 있으니까요. 이러 한 방식은 텍스트를 보지 않고 상상력으로 계속 연결할 수 있으니 영 어회화를 할 때 무척 유리합니다. 상상력의 힘으로 단어를 두뇌에 저 장하면 영어로 말할 때 말하려고 하는 단어가 대부분 생각나는 장점 이 있습니다.

재미는 확장성을 가집니다. 재미있으면 사고에 막힘이 없어 무한하게 늘려갈 수 있습니다.

이렇듯 재미는 창의력의 원천입니다. 그래서 재미있게 일할 때 제 대로 창의력이 발휘됩니다. 재미는 또한 호기심에 의해 지속됩니다. 아인슈타인도 호기심에 대해 다음과 같이 말한 바 있습니다.

"나는 특별한 재능을 가지고 있지 않습니다. 오직 열정으로 가득 찬 호기심을 갖고 있을 뿐입니다."

'궁금해하다'라는 뜻의 wonder에는 on이 들어 있습니다. 그렇습

니다. 호기심은 '궁금해하는(wonder) 마음을 계속 켜놓아야(on)' 생겨
납니다. 그러니 재미는 호기심으로 시작해서 창의력으로 끝난다고
할 수 있습니다.

'재미'를 뜻하는 interest에는 '휴식'을 의미하는 rest가 들어 있습
니다. interest에 rest가 들어 있다는 것은 재미는 휴식을 취하듯 마음
이 평온할 때 생긴다는 뜻이겠지요. 무슨 일을 하든 재미가 있어야
'일할 맛'이 나겠지요. 의무감으로 일을 하면 '죽을 맛'밖에 나지 않
을까요?

gold
오래된 것은 금처럼 소중하다

오래된가치

✽✽✽   '하늘과 땅은 비록 오래 되었어도 끊임없이 새 것을 낳고 해와 달은 비록 오래 되었어도 그 빛은 날마다 새롭다.'

연암 박지원의 말입니다. 오래된 것에서 새로운 것을 만들어낼 수 있다는 뜻을 담고 있습니다. 새로운 모든 것은 이미 오래된 것 속에 들어 있습니다.

그런데 우리는 옛것과 단절된 새것에만 눈길을 줍니다. 새 옷, 새 신발, 새 차 등 새로운 것에만 온통 마음을 쓰니 마음에 옛것이 들어설 자리가 없습니다. 새로운 것만을 선호하도록 유혹하는 광고에 이끌려 계속 자신을 소비하고 있습니다. 유용성을 기준으로 중고제품을 구입해서 사용해도 무방한데 좀 더 편리하다는, 타인에게 근사해 보인다는 이유로 계속 새것만 고집합니다. 이것이 습성처럼 굳어지면 새것을 추구하는 그 마음을 멈추기 힘듭니다.

한 물건을 오래 쓴다는 것은 그 물건과 내가 하나임을 뜻하는 것이고, 그것에 깃든 추억과 함께한다는 의미입니다. 옛것을 소중히 여기는 마음만이 새것 추구라는 마음의 질주를 막을 수 있습니다. 신감각적으로 개발된 신제품, 참신한 새것에 마음이 사로잡히는 것은 어쩌면 당연한 일입니다. 그러나 전통기법을 고수한 것, 향수를 불러일으키는 묵은 것, 오래된 옛것이 주는 잔잔한 감동과 기쁨도 삶을 살아가는 데 큰 몫을 한다는 사실을 잊지 마시기 바랍니다.

새것은 눈에 담기지만 오래된 것은 마음에 담깁니다.

석유는 땅속에서 오래 삭혀졌기에 연료로서 그 가치가 생긴 것입니다. 오랫동안 숙성시킨 장맛을 한번 알고 나면 그 은은하고도 깊은 맛을 결코 잊을 수 없습니다. '친구'라는 말도 오래 사귀어 좋은 사람이라는 뜻을 지니고 있습니다. 사람의 말도 오랜 인고의 세월을 견뎌내고 발효된 이후 나오는 말이 듣는 이에게 잔잔한 감동을 줍니다. 마찬가지로 시류를 좇는 책보다는 오래된 고전에서 삶의 지혜를 새롭게 더 많이 얻을 수 있습니다. 그러니 진정 새로운 것을 만들어내려는 사람은 기존의 오래된 것을 새 시각에서 보는 남다른 눈이 필요합니다. '온고지신溫故知新'이나 '법고창신法古創新'이란 말이 다 이런 배경에서 나온 말이라고 할 수 있습니다. 옛것을 통해 새것을 창출하는 징후를 읽을 수 있어야 합니다.

오래된 것들은 사랑스럽습니다. 새로운 것에서는 느낄 수 없는 애정을 오래된 것에서는 느낄 수 있습니다. 오래된 것들에는 고유의 추억이 처마 끝 풍경처럼 대롱대롱 매달려 있습니다. 오래된 것에서는 사랑스럽기 그지없는 특유의 편안함이 배어나옵니다. 새로 산 신발이 보기에는 좋겠지만 내 발에 적응될 때까지는 불편함을 감수해야 하듯, 헌 신발은 허름해 보여도 내 발에 오랫동안 길들여진 편안함을 자아냅니다. 또한 오래된 것에는 오묘함이 깃들어 있습니다. 오랜 세월 속에 푹 삭혀진, 그래서 절대 새로운 것에서는 발견할 수 없는 견고하고도 은은한 멋이 들어 있습니다.

오래된 것 중, 가장 중요한 것이 바로 '나'입니다. 이미 오래전부터 있어온 '나'만이 가장 새로운 존재로 거듭날 수 있습니다. 내가 경험한 모든 삶의 고통과 좌절, 실패가 새로운 나를 만들어낼 수 있습니다. 이미 내 안에 새롭게 만들어진 '나'를 거울처럼 한번 들여다보실까요? 나 자신이 진정한 '오래된 미래'입니다.

나를 잘 삭혀야 새로운 존재가 됩니다.

필자의 여행취미 중 하나는 오래된 건축물을 찾아다니는 것입니다. 전국에 있는 향교와 서원 그리고 사찰에 가면 '살아있는 정신'을 만나고 옵니다. 옛 건축물에는 고즈넉한 특유의 아름다움이 깃들여 있습니다. 오래된 건축물이 아름다운 것은 그 안에 '불멸의 정신'이 살아 숨쉬고 있기 때문입니다. 산청 '덕천서원'에서는 조선 초기의 성리학자인 남명 조식(1510-1560)의 서슬 퍼런 당당함을, 장성 '필암서원'에서는 조선 중기 유학자인 하서 김인후(1501-1572)의 기개와 지칠 줄 모르는 학문에 대한 사랑을 느낄 수 있습니다.

'금'이라는 뜻의 gold에는 '오래된'이란 의미의 old가 들어 있습니다. 그렇습니다. 오래된 것은 금처럼 소중한 가치를 담고 있습니다. 오래된 것은 온갖 지혜의 보고입니다. 옛것을 금처럼 소중히 여길 때 삶의 새 지평을 열어줄 지혜를 얻을 수 있습니다.

Peace

작은 콩이라도 나누려 해야
평화가 유지된다

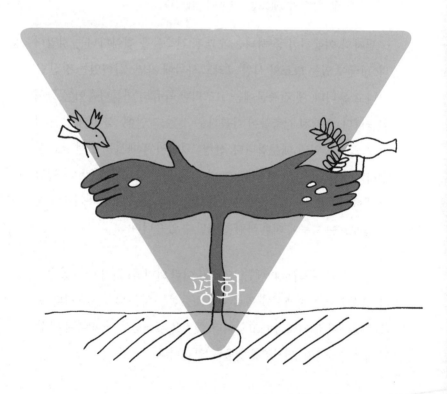

평화

✿ ✿ ✿　　　　우리의 마음은 평화롭지 않습니다. 마음속에 수많은 근심과 걱정 그리고 불안이 끊임없이 파도치고 있기 때문입니다. 우리의 관계도 평화롭지 않습니다. 누군가로 인해 괴롭거나 화가 나서 마음을 진정시킬 수가 없습니다. 국가 간의 관계도 평화롭지 않습니다. 오로지 자국의 이익을 위해 약소국을 압박하니 수평적인 관계가 아닌, 탄압받는 국가에 살고 있는 국민들 마음 또한 평화롭지 못한 건 마찬가지입니다.

평화로운 국가, 마음의 평정심을 유지하는 개인의 평화 이것이 불가능한 이유는 무엇일까요? 그것은 혼자서 모두 차지하려는, 독식하려는 욕심에서 비롯됩니다.

평화를 유지하려면 나누어야 합니다.

'평화'라는 뜻을 가진 peace에는 '콩'이라는 의미의 pea가 들어 있습니다. '콩(pea) 한 쪽이라도 나누려 해야 평화(peace)가 찾아온다' 라고 두 개의 한글자를 연결하여 생각해보세요. 자기의 욕심만 채우려 하지 않고 작은 콩 하나라도 나누려는 마음을 가지면 평화가 저절로 찾아오지 않겠습니까. 콩 한 쪽이라도 나누려는 마음은 사랑에 기반한 것입니다. 아주 작은 것이라도 나누려는 마음이 있어 이를 행하면 마음이 편안해집니다. 자기만 가지려고 욕심내기에 항상 남의 눈치를 살피는 것입니다. 그렇게 사냥꾼처럼 염탐하는 행동을 남들이 좋게 볼 리가 없습니다.

　상대방과 더불어 평화를 유지하는 방법은 단 하나, 남과 나누려는 마음을 항상 유지하면 주위사람들과의 관계가 좋아집니다. 서로 나눔으로써 내 마음뿐 아니라 상대방 마음도 편안해집니다. 나라와의 관계도 마찬가지입니다. 모든 나라는 자국의 이익에 따라 움직이지만, 서로 타협하고 양보하지 않으면 언제 어떻게 부지불식중에 전쟁이 일어날지 모를 일입니다. 기회를 틈타 상대국을 복속시켜 이익을 취할 수도 있지만, 상대적으로 피해를 당한 나라에서 있을 강한 반발, 저항도 배제할 수 없습니다. 만약 이로 인해 테러가 발생한다면 강대국이라도 항상 자국의 평화가 보장된다고 단정할 수 없겠지요. 그러니 한 나라의 지도자는 사랑의 마음으로, 서로 나누려는 마음으로 상대국과의 평화유지를 위하여 최선의 노력을 해야 합니다. 콩 한 쪽이라도 나누려는 사랑의 마음만이 국가 간의 분쟁을 완화, 조정할 수 있습니다.

　앞서도 언급했지만 평화가 깨지는 것은 한 개인에서부터 국가에 이르기까지 뭔가를 혼자서 독식하려는 마음에서 비롯됩니다. 콩 한 쪽이라도 나눠 먹으려는 마음의 본질은 사랑이고 그것이 현실에서는 양보와 타협 그리고 배려의 형태로 나타납니다. 그것이 서로를 만족시키는 중도의 정신입니다.

　그러니 마음을 평화롭게 유지하려면 우선 내가 가지고 있는 것을 나누려는 마음부터 내세요. 그 마음이란, 우리들 마음속에 이미 존재해 있는 본성을 자각하는 일입니다. 나의 본성을 오로지 내 것을 움켜

쥐는 것에만 총력을 기울이는 데 사용할 게 아니라 내가 가지고 있는 선함, 재능 등을 조금이라도 남과 나누려는 마음에 사용하는 것이 중요합니다. 일단 성장하면서 오염되어온 본성을 회복하는 것이 우선입니다. 그것이 오랜 습관으로 굳어졌다면 선한 자기본연의 본성을 회복하는 데 오랜 시일이 걸릴 수도 있습니다. 아니면 쉽지는 않겠지만, 크나큰 시련이나 재앙을 겪으면서 이를 계기로 내부에 잠재되어 있던 '자기본성'을 단번에 회복할 수도 있습니다.

무엇보다 마음의 평화를 유지하기 위해서는 콩 한 쪽이라도 나누겠다는 선한 마음을 가지는 것이 중요합니다. 일단 마음을 고요하게 다스린 뒤, 그 고요해진 마음을 나누려는 사랑의 마음으로 가득 채워나가길 바랍니다. 이런 훈련을 거듭해가면서 어느 사이엔가 진정한 평화가 마음 가득 차오름을 느끼게 될 것입니다.

마음의 평화를 유지한다는 것은 평정심을 가진다는 말입니다. 그래서 선가에서는 '평상심시도 平常心是道'라는 말이 있습니다. 평상심이 바로 '도'라는 뜻이지요. 마음이 크게 흔들리지 않고 여여하게 갈 수 있을 때 평정심을 유지할 수 있습니다. 일상에서 부딪치는 모든 분노, 짜증, 질투, 역겨워하는 마음을 오직 한마음으로 유지할 수 있는 것이 평상심입니다. 이 마음을 유지하려면 peace라는 글자에 pea가 들어 있음을 명심하고, 반복해서 훈련하길 바랍니다.

thank

그 어떤 것보다 나은
자신에게 감사하라

감사

❦ ❦ ❦　　사람은 누구나 어제보다 나아진 존재입니다. 다음 날 아침 눈을 떠서 살아 있다는 것이 바로 어제보다 나아진 삶입니다. 그렇게 감사하는 마음에서 모든 것이 시작됩니다. 설령 지금 무엇을 이루지 못했더라도 지금 노력해서 언젠가 이루면 될 것이고, 누구의 마음에 상처를 주었다면 살아 있는 동안 사과할 기회를 가지면 될 것입니다. 살아 있다는 것은 모든 것을 할 수 있는 가능성을 지닌 것이기에 세상에서 가장 감사해야 할 일입니다. 내가 나에게 감사하니 이런 나를 만들어준 대상에 감사한 마음이 생깁니다. 나를 세상에 내어놓은 부모님, 나의 가족들, 내가 온전하도록 지켜봐주는 친구들…… 생각해보면 감사할 일투성이입니다.

모든 건 다 살아 있어서 가능한 것입니다.

고통과 시련에서 의미를 찾고, 거기서 더 나은 길을 찾는 것도 살아 있어 가능한 일이고, 도전과 변화를 추구하는 것도 살아 있어서 가능한 일입니다. 그러니 세상에서 가장 감사할 일은 지금 세상에 자신이 존재해 있다는 것, 살아 있다는 것입니다. 살아 있기에 뭐든지 할 수 있다는 희망을 가질 수 있습니다.

그래서 우리의 기도는 무엇을 이루게 해달라는 기원보다는 감사하는 마음으로 채워져야 합니다. 감사하는 마음을 가지다보면 시기심이나 적대감과 같은 온갖 부정적인 생각이 사라집니다. 감사의 마음은 겸손과 겸허한 마음 등 모든 긍정적인 생각을 지니게 합니다. 감사하는 마음을 가지면 오만한 마음이 들어설 자리가 없습니다.

내가 만난 모든 인연에도 모두 감사할 일입니다. 그 사람이 비록 내 마음을 아프게 했더라도 내가 반드시 그에게 배운 것이 있으니 감사한 일입니다. 내게 감당하기 버거운 시련이 다가온 것도 감사할 일입니다. 그 같은 시련이 없었다면 위선과 허세 속에 삶을 살았을 테고 올바른 방향으로 자리잡지 못했을 것이니까요. 그렇게 생각하면 더 큰 시련이 닥쳐와도 의연히 감당할 수 있습니다.

감사의 마음이란, 매사를 긍정적으로 보는 마음입니다. 설사 사고가 났어도 더 큰 사고가 나지 않은 것에 감사하는 마음입니다. 매사에 감사하면 몸에 부정적인 기운이 사라지며 건강한 몸을 지니게 합니다. 감사의 마음은 또한 인내심을 지니게 합니다. 진정 소중한 것이 아무리 천천히 오더라고 그 순간 순간을 음미할 수 있는 마음을 가지게 하니 감사할 일입니다. 또한 내가 원하는 일이 일어나지 않았다고 원망하기보다는 내가 원하지 않는 일이 일어나지 않음에 감사하는 마음을 가질 수 있습니다. 그래서 성경에 '범사에 감사하라' 라는 말이 있는 것이겠지요. 즉 세상 모든 일에 감사해야 할 일뿐이라는 것입니다.

나라는 존재는 이 세상 누구보다 나은 존재이니 감사한 일이고, 이전의 어느 시점보다 나아진 존재이니 감사할 일입니다. 전쟁의 고통 속에 힘들게 사는 사람보다 나은 형편이니 감사한 일이고, 어제 죽은 사람이 그렇게 살고 싶었던 순간인 오늘을 살고 있으니 감사할 일입니다.

미군부대에서 카투사로 근무하는 중에 작전 차량을 몰고 가다가 가평 빗고개라는 곳에서 중앙선을 넘어 올라오던 버스와 정면충돌한 적이 있습니다. 평소 차량 왕래가 별로 없는 곳이어서 버스는 무심코 커브길에서 중앙선을 넘어 회전을 시도하다 제 차와 부딪친 것이었습니다. 사고 당시 짧은 순간 이렇게 죽는구나 하는 의식이 있었습니다. 그리고는 정신을 잃었습니다. 왼쪽다리가 심하게 파열되고 온몸이 피투성이였고 지프차는 휴지조각처럼 구겨졌습니다. 사고현장에서 부대로 옮겨져 응급치료를 받은 후 헬리콥터로 이송되었습니다. 헬리콥터 날개가 돌아가는 굉음 속에서도 미군 의료병이 "Stay alert(정신 차려)!" 라고 외치며 과다출혈로 의식을 잃어가는 저의 뺨을 때렸던 것이 지금도 생각납니다. 용산 병원으로 옮겨져 수술을 받은 후 저는 기적적으로 살아날 수 있었습니다.

그 후 저의 목숨은 덤으로 살아가는 인생이라고 생각하게 되었습니다. 그래서 이렇게 살아 있다는 사실이 매일매일 행복합니다. 말로만 살아 있어 감사한 게 아니라 이런 극적인 경험을 통해 깨달았기에 내가 살아 있다는 것이 더없이 감사한 일입니다.

'감사하다' 라는 뜻의 thank 라는 말에는 '~보다' 라는 의미의 than이 들어 있습니다. 감사하다 말에 왜 than이 들어 있을까요. 아무리 힘들어도 과거의 게을렀던 삶보다 현재가 더 낫다, 아무리 괴로워도 과거 남에게 손가락질 받던 삶보다 현재가 더 낫다 이렇게 생각해보세요. 그러면 감사한 일투성이입니다. 우리가 세상에 태어난 것이 원망스러울 정도로 힘이 들 때는 이 세상에 깨달음을 주기 위해 오신 성자를 생각하며 위로를 받는 것이 어떨까요. 6년 동안 죽음을 각오하며 고행한 부처님을 생각하며 과거 자신이 방황하던 때보다 지금이 낫고, 십자가에 못박히신 예수님을 생각하며 과거 자신에게 치명적 상처를 준 사람을 용서하는 마음을 가지게 된 지금이 더 낫다고 자신을 위로해보는 것입니다.

그렇게 생각하면 이제 오늘 살아 있다는 것이 얼마나 감사하고 축복받은 일인지 새삼스럽고 결국은 감사할 일만이 남아 있음을 깨닫게 될 것입니다. 그런 의미에서 과거 암흑과도 같은 삶에서 벗어난 오늘에 감사한다는 뜻으로 설명한 thank에 than이 들어 있음을 한시라도 잊지 마시기 바랍니다.

Passion

열정이 있으면 어떤 장애도
통과할 수 있다

열정

✾ ✾ ✾ '불광불급不狂不及'이란 말이 있습니다. '어떤 일에 미치지 않으면 그 일을 이룰 수 없다'라는 뜻이겠지요. '미쳐야 미친다'라고 풀이하기도 합니다. 열정을 이보다 더 강렬하게 표현하기는 어려울 것 같습니다. 열정이란 세상 사람들이 뭐라 하든 그 어떤 시선도 전혀 의식하지 않고 오로지 뜻하는 바를 이루기 위해 그 일에 몰두하며 자신을 불태우는 일입니다. 열정은 꺼지지 않는 성화를 가슴 속에 항상 활활 타오르게 하는 것과 같습니다. 영어표현 중에 이런 말이 있습니다.

> 장님에게 빛을 설명할 수 없는 것처럼 열정을 한 번도 경험해보지 못한 사람에게 열정을 설명할 수 없다.(We can no more explain passion to those who have never experienced it than we can explain light to the blind.)

그렇습니다. 진정한 열정을 경험해보지 못한 사람들은 지나친 열정의 소유자를 보면 이상한 사람, 미친 사람으로 여길 수도 있습니다. 경우에 따라서는 쓸데없는 일, 가망 없는 일에 매달려 있는 사람으로 보일 수도 있습니다. 온도계로 열정의 수위를 가늠할 수 있을까요? 세상의 기준이 온도계라면 그 온도계로 절대 계량할 수 없는 것이 한 사람의 열정입니다. 세상의 온도계로는 측정 불가능한 열정인들을 무엇에 비견할 수 있을까요. 저는 가을산을 붉게 물들이는 단풍나무에 비유하고 싶습니다. 열정적인 사람은 자신이 먼저 뜨거운 가습으로 붉게 물듭니다. 스스로가 언제나 팔팔 끓고 있는 100도에 머무릅니다.

온 정열을 다해 어떤 일에 몰두하는 사람을 보면 참 아름답다는 생각이 듭니다. 온 산을 물들인 단풍나무를 보며 감탄하듯 어려운 여건 속에서도 투혼을 발휘하여 끝내 맡은 일을 성사시키는 열정의 소유자를 보면 절로 탄성이 나옵니다. 무슨 일을 하든 능력도 능력이지만, 그에 못지않게 열정의 에너지도 중요함을 실감할 때가 많습니다. 열정은 아무리 과소비해도 낭비라고 치부할 수 없는 삶의 원동력입니다. 마음속에 잠재해 있는 열정을 숨겨두지만 말고 자신이 이루고자 하는 일에 밑거름이 될 수 있도록 마음껏 꺼내 쓰시기 바랍니다.

그렇습니다. 열정은 바로 행동인 것입니다. '말'은 이성적으로 사람을 이해시키지만 '행동'은 사람들의 감성에 울림을 주어 감동에 이르게 합니다. 그래서 열정적인 사람은 자석처럼 주변에 항상 사람들을 끌어모읍니다. 열정은 전염성이 강하기 때문입니다. 그래서《에너지 버스 Energy Bus》의 저자 존 고든이 열정에 대해 이렇게 말했나 봅니다.

당신이 열정을 가지고 일하고 살아간다면
나방이 불에 달려들듯 사람들이 당신 주변에 몰려들 것입니다.
(When you live and work with enthusiasm, people are drawn to you like moths to a light.)

열정적인 사람은 단 한 번도 경험하지 못한 새로운 상황의 한복판에 스스로를 밀어넣길 주저하지 않는 행동력의 소유자입니다. 경험해본 적이 없는, 낯설기 짝이 없는 상황에 두려움보다는 호기심으로 다가서는 사람이 바로 열정인입니다. '끓이다'라는 뜻의 boil에는 '기름'이라는 의미의 oil이 들어 있습니다. 기름은 프라이팬 속에서 높은 온도로 끓어야 비로소 스스로 가열되며 제대로 음식맛을 내게 합니다. 열정이 그와 같습니다. 열을 가하면 스스로 끓어오르는 기름처럼 일단 새로운 상황이 주어지면 낯섦이나 두려움은 열정인에게 더 이상 장애가 되지 않습니다. 열정의 극을 달릴 때 최고의 결과가 나온다는 사실을 본능적으로 직감하기 때문입니다. 땅속의 물을 끌어올리려면 마중물이 필요하듯, 숯덩이는 불덩이가 되어야 쓰일 수 있듯, 최고의 요리를 얻기 위해 기름의 온도를 높이듯 원하는 것을 이루기 위해서는 반드시 '열정'이 필요합니다.

새로운 삶을 두려움 없이 받아들이는 것은 열정 없이는 불가능합니다.

누구나 열정은 가지고 있겠지만, 열정을 다해 뭔가를 이루어내는 사람은 많지 않습니다. 그래서 열정적인 사람은 세상에서 가장 아름다운 소리를 들을 자격이 있습니다. 그 소리는 바로 자신의 가슴에서 뛰는 심장박동 소리입니다. 열정적인 사람은 모든 사람들이 포기하는 상황에서도 아주 작은 가능성만 보고도 이에 도전하려는 마음으로 가슴이 벅차오릅니다. 목적지를 향해 전속력으로 달리는 기관차처럼 활기차게 뛰는 인간의 심장박동 소리보다 아름다운 소리가 있을까요?

사람들은 저보고 도서관에 미쳤다고 합니다. 매주 월요일 검색창에 '도서관 개관'이라고 치고 새로 문을 연 도서관이 확인되면 메모해두었다가 빠짐없이 가보기 때문입니다. 주말이면 새 도서관이 섬에 있든 산간벽지에 있든 상관없이 새색시 만나는 마음으로 그곳에 가봅니다. 왜 그렇게 도서관을 다니느냐는 질문을 자주 받곤 하는데, 그럴 때마다 한결같이 '도서관 인문기행'이란 책을 쓰고 싶어서라고 서슴없이 대답합니다. 바다, 호수, 들녘, 산책길 등을 끼고 있는 도서관을 소개하며 현대고전인《슬픈 열대》(레비 스트로스 지음),《소설의 이론》(게오르규 루카치 지음),《옥중수고》(안토니오 그람시 지음) 등을 짝을 지어 소개하고픈 마음을 오랫동안 가슴에 품어왔기 때문입니다. 아르헨티나의 소설가 보르헤스(1899-1986)는 "천국이 있다면 도서관 같을 것이다(I have always imagined that paradise will be a kind of library)"라는 말을 남겼습니다. 도서관은 제게 큰 위안을 주는 천국과도 같은 곳입니다. 책을 읽고 글을 쓰고 사람들과 소통하는 공간이기 때문입니다. 그 모든 소통의 결과물이 '도서관 인문기행'으로 드러나길 희망해봅니다.

얼마 전 프랑스 국립도서관과 영국 국립도서관을 방문한 것을 계기로 세계 각국의 국립도서관만을 소개한 '도서관 인문기행(해외편)'도 꼭 쓰고 싶다는 꿈도 생겼습니다.

'열정'이라는 뜻의 passion에는 '통과하다'라는 뜻의 pass가 들어 있습니다. 그렇습니다. 열정이 있으면 그 어떤 난관이나 시련도 다 극복할 수 있습니다. 래프팅을 하다보면 급류도 나오고 바위도 튀어나오고 소용돌이에 휘말리기도 합니다. 열정이 있는 사람은 래프팅을 즐기듯이 장애를 즐기면서 급물살을 통과합니다. 또한 열정이 있는 사람은 눈에 보이지 않는 추상적인 것을 눈에 보이는 유형물로 창조해내는 사람을 말합니다. 열정 없이 사는 사람들은 눈에 보이는 것만 믿지만, 열정이 있는 사람은 눈에 보이지 않는 것을 현실로 만들어가는 사람입니다. 그러니 그들 앞에 놓인 장애는 단지 허들처럼 즐겁게 뛰어넘을 수 있는 대상에 불과합니다. 결국 열정을 가진다는 것은 마음의 시위를 팽팽하게 당기는 것이라고 할 수 있습니다. 열정으로 뚫지 못할 어려움이나 장애란 이 세상에 없습니다.

칼 마르크스(1818-1883), 버나드 쇼(1883-1957), 니코스 카잔차키스(1883-1957) 등 유명인들의 묘비명으로 책을 쓰고 싶다는 생각을 한 적 있습니다. 그 책에 첫 번째로 마르크스의 묘비명을 소개하고 싶었습니다. 런던의 하이게이트에 있는 그의 묘비에 들러 묘비명을 촬영하고 나오다가 묘지 앞에서 소형 트럭을 이용해 이동커피숍을 운영하는 젊은 영국인을 만났습니다. 그가 건네주는 커피 한 잔을 마시면서 대화를 하던 중 그의 꿈을 들을 수 있었습니다. 자신만의 브랜드로 전 세계에 이동커피숍 체인점을 운영하고 싶다는 야무진 꿈이었습니다. 그래서 그에게 마침 가져간 이 책의 원고를 보여주며 passion이라는 말에는 pass가 들어 있으니 반드시 해낼 수 있다는 열정을 가지면 어떤 고난과 역경도 뚫고 지나갈 수 있다고 말해주었습니다. 지금도, 그가 충격을 받은 듯한 표정으로 저를 바라보던 모습을 잊을 수 없습니다.

열정은 어떤 어려움도 통과할 수 있는 에너지이기에 열정적인 사람은 예술을 하든, 사업을 하든, 신제품을 팔든, 연설을 하든 그가 빚어낸 결과물은 최상이 될 수밖에 없습니다. 또한 지금 당장은 아니더라도 언젠가는 사람들도 자연스럽게 그 진가를 인정할 날이 옵니다.

당신은 지금, 자신의 삶이 무덤덤하고 권태롭다고 생각하고 있습니까? 혹시 이상은 저 높이 매달아 둔 채, 열정이 부족하여 꿈을 서서히 접고 있는 상태는 아닙니까? 지금이라도 늦지 않았습니다. 어떤 장애나 두려움도 일갈에 해소하는 열정의 방아쇠를 당겨보기 바랍니다. 그 어떤 난관도 열정의 힘으로 극복하며 목표점을 향해 신명나게 달려가길 바랍니다. 아, 이참에 '전공'을 아예 열정으로 바꾸는 게 어떨까요?

Volcano

할 수 있다는 자신감을 가지면
활화산 같은 에너지가 솟는다

자신감

❦ ❦ ❦   언젠가 TV에서 본 다큐멘터리 프로그램에서 화산이 폭발하는 것을 본 적이 있습니다. 엄청난 용암이 하늘로 솟구쳤다가 아래로 아래로 흘러가는 장면을 보면서 엄청난 에너지를 느꼈습니다. 단지 TV를 보고 있는 것임에도 온몸 구석구석에 화산이 분출하는 에너지가 전달되는 것 같았습니다. '아, 자신감이란 이런 것이겠구나!' 하는 생각이 들었습니다. 뭔가를 할 수 있다는 자신감이 들면 온몸에서 에너지가 끓어오를 수밖에 없겠다는 생각에 이르렀습니다. 그렇다면 자신감은 어떻게 얻을 수 있을까요?

작은 성공을 많이 경험해봐야 자신감이 생깁니다.

일상에서의 작은 성공은 마치 도미노처럼 연쇄작용을 일으킵니다. 작은 일 하나를 성공시키면 또 다른 일을 하기 전부터 그 일을 해낼 수 있다는 자신감이 생깁니다. 그래서 시작이 중요합니다. 세상의 모든 일은 마음만 먹는다고 되지는 않습니다. 일단 작은 일부터 시작해서 성공을 맛보아야 합니다. 그러면 또 다른 빛깔의 성공을 해보고 싶다는 강렬한 욕구에 사로잡히게 됩니다.

반면 상대적으로 자신감을 갉아먹는 가장 큰 적은 '위축감'입니다. 위축감, 즉 매사에 주눅이 들어 있으면 자신의 장점을 제대로 볼 수 없습니다. 그것은 마치 자신의 장점을 돋보기로 보지 않고 현미경으로 보는 것과 같습니다. 자신의 장점을 살려 작은 성공부터 이루어보세요. 조그마한 성공들이 모여 자신감을 점차 확대시켜주는 견인차 역할을 합니다.

그렇다면 한 번 얻은 자신감이 계속 유지될 수 있을까요? 그렇지는 않습니다. 매일 꾸준히 하는 일이 있어야 자신감은 지속됩니다.

'작은 도끼질이 큰 떡갈나무를 쓰러뜨린다(Little strokes fell great oaks)' 라는 서양격언이 있습니다. 큰 나무를 보고 지레 겁먹고 뒤로 물러선다면 그 나무를 절대로 쓰러뜨릴 수 없을 겁니다. 계속 꾸준히 도끼질을 하다보면 아무리 큰 나무라도 언젠가는 거꾸러뜨릴 수 있듯, 뭔가 목표를 정해놓고 꾸준히 정상을 향해 노력해가면 반드시 목표에 도달할 수 있을 겁니다.

목표를 향해 매진한다는 것은 '자신감'이란 에너지를 계속 자신에게 공급하는 것과 같습니다. 이렇게 목표를 향해 나아가는 과정에서 결과에 이르기 전에 앞서 작은 성취감을 자주 경험하기 때문입니다. 그러니 중도에 포기하지 않고 그 맥을 꾸준히 이어가는 것이 중요합니다. 꾸준함, 즉 인내심은 사그라진 자신감에 불을 지피는 원천입니다. 그러면 언제 자신감이 최고조에 이를 수 있을까요?

스스로 정한 목표를 초과달성할 때 자신감은 최고조에 달합니다.

사람들은 쉽게 자신의 한계를 정합니다. 하지만 자신이 정한 목표를 조금이라도 초과해서 달성해본 사람은 한계란 스스로 정한 규정에 불과하다는 사실을 알게 됩니다. 낮은 산도 힘들어서 못 올라가던 사람이 어느덧 100개 산의 정상에 올라서면 200개의 산 아니 1,000개에 이르는 산에 도전하는 것도 가능하다고 확신하며 자신감을 얻게 됩니다. 이렇게 자신감은 한계라는 고정관념을 깨는 훈련에도 효과적으로 활용할 수 있습니다.

'화산'을 뜻하는 volcano에는 '할 수 있다'는 의미를 가진 can이 들어 있습니다. 할 수 있다는 믿음을 가지면 나 또한 활화산이 될 수 있습니다. 화산처럼 폭발적 에너지를 분출하는 존재가 되는 것입니다. 그렇다면 할 수 있다는 믿음은 어디에서 나오는 것일까요? 자신에 대한 사랑에서 비롯됩니다. 자신에 대한 사랑은 스스로 버리지만 않는다면 한평생 지속될 수 있는 로맨스입니다. 영원히 변치 않는, 자신과의 로맨스를 마다할 이유는 없겠지요. 자신감을 가진 사람은 내면에서 이미 성취를 이루었기에 굳이 다른 사람에게 자신을 드러내며 성공했노라, 입증할 필요는 없습니다.

자신감은 꿈이라는 필름을 현실로 현상해줍니다. 그러니 화산처럼 거대한 에너지를 주는 자신감을 항상 지니고 다니세요.

Seed

내가 심은 씨앗에서 미래를 보라

미래

❦ ❦ ❦　　《명심보감》에 '욕지미래 선찰기왕欲知未來 先察已往'
이란 말이 있습니다. '미래를 알고 싶으면 이미 지난 일들을 먼저 살펴
라' 라는 뜻입니다. 그렇습니다. 미래는 내가 과거 어떤 씨앗을 심었느
냐에 따라 그 결과가 달라질 수밖에 없습니다. 또한 '미래를 예측하는
가장 좋은 방법은 미래를 창조하는 것(The best way to predict the future is
to create it)'이란 말도 있습니다. 미래는, 지금 내가 땅을 딛고 있는 현재
에 좋은 씨앗을 심어 앞날을 창조하는 것입니다. 어떻게 하면 지금 처
한 현실에서 좋은 씨앗을 심을 수 있을까요?

　우선 긍정적 사고를 하는 것입니다. 긍정적 사고의 씨앗을 심어놓
지 않으면 미래를 밝게 예측할 수 없습니다. 지금 자신이 하고 있는 생
각이나 하고 있는 일이 긍정적 결과를 가져올 수 있다는 '믿음의 씨
앗'을 심어야 일하는 과정이 즐겁고 활기찰 수 있습니다.

　긍정적 씨앗을 심은 '과정'은 예상을 뛰어넘는 '결과'를
　만들어냅니다.

　현재에 좋은 씨앗을 심는 또 다른 방법은 좋은 말과 친절한 행동을
하는 것입니다. 가는 말이 고와야 오는 말이 곱고, 나의 친절한 행동이
또 다른 친절한 행동을 불러일으킵니다.

　마지막으로 지금까지의 진부하고 허황된 삶을 버리고 새로운 삶을
살겠다는 의지의 씨앗을 심는 것입니다. 성경에 '한 알의 밀알이 땅에

떨어져 죽지 아니하면 한 알 그대로 있고 죽으면 많은 열매를 맺느니라' 라는 말이 있습니다. 기존의 획일화된 틀에 안주해 있어서는 새로운 미래를 만들어낼 수 없습니다. 지금의 안일한 생활에서 벗어나 미래를 여는 희망의 씨앗을 심기 바랍니다.

같은 삶으로는 다른 삶을 만들어낼 수 없습니다.

현재 내가 하는 모든 생각과 행동으로 미래에 어떤 결실을 맺을지 예측할 수 있습니다. 원인이 있으면 반드시 결과가 있는 법, 함부로 내뱉은 말 한마디와 경거망동이 앞으로 일을 추진하고 결실을 맺는 데 큰 지장을 초래할 수도 있습니다. 과거의 무례하고 안일했던 삶의 태도를 버리고, 무엇보다 선업善業을 짓기 위해 노력해야 합니다.

여러분 '씨앗도서관'이라고 들어보셨는지요. 도서관이라면 흔히 온갖 책을 비치해놓은 책도서관을 연상하지만 갖가지 씨앗을 구비해놓은 씨앗도서관도 있습니다. 서울 상일동을 비롯 홍성, 제주 등 전국 여러 곳에 씨앗도서관이 있는데, 책도서관에서 책을 대여받듯 씨앗도서관에서도 씨앗을 대출받습니다. 책도서관에서는 빌린 책을 약속 날짜 안에 반납하면 그만이지만, 씨앗도서관에서는 대출받은 씨앗을 직접 심어 열매를 수확한 뒤, 갈무리한 씨앗을 다시 반납하는 식으로 운영됩니다.

여기서 알아둘 것은 씨앗도서관에서 아무리 좋은 씨앗을 빌렸다한들 토양이 좋지 않거나, 알맞지 않은 환경에 씨앗을 심으면 열매를 맺기는커녕 제대로 성장하기도 어렵다는 점입니다. 그리고 무엇보다 중요한 것은 씨앗이 싹이 나서 자라고 열매를 맺을 때까지 온갖 정성을 기울여야 한다는 점입니다. 열매가 시원찮으면 갈무리한 씨앗도 당연히 좋은 종자일 리 만무하겠지요. 이렇듯 '나도 할 수 있다'는 긍정의 마음으로 좋은 씨앗을 정성껏 심고 그 열매를 맺어 좋은 종자를 다시 반납하려면 그 씨앗이 잘 자랄 수 있는 환경을 조성해주고 부단한 노력을 기울여야 합니다.

'씨앗'을 뜻하는 seed에는 see가 들어 있습니다. 씨앗이라는 말에 '보다'라는 말이 들어 있는 것은 어떤 씨앗을 심느냐에 따라 미래를 내다볼 수 있다는 의미일 것입니다. 긍정의 씨앗으로 '행복한 미래'를 수확하는 것, 이것이 seed에 see가 들어 있는 진정한 의미입니다.

Start

언제나 그 자리에 있는 북극성처럼
첫마음을 잊지 마라

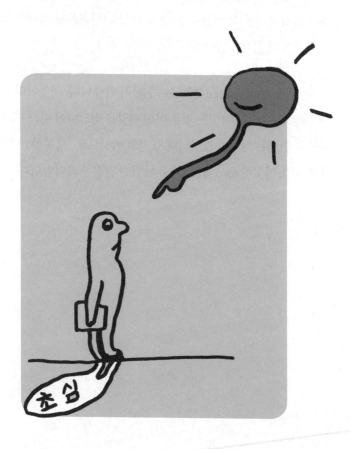

✿✿✿✿ 통일신라시대 때의 왕족 출신 고승인 의상대사(625-702)가 쓴《법성게》중에 '초발심시변정각初發心是便正覺'이란 말이 있습니다. 처음 내는 마음이 바로 깨달음이라는 뜻이겠지요. 세상에서 제일 높은 건물도 돌 하나를 놓는 일부터 시작합니다. 이 세상 모든 위대한 성취도 다 첫걸음으로 시작했습니다. 그 첫걸음을 시작하느냐 마느냐가 내 운명을 가릅니다. 살면서 첫발을 떼지 않아 놓친 일들이 얼마나 많은가요? 첫마음, 첫걸음이 그래서 중요합니다. 그리고 그 초심을 계속 유지하는 것은 더더욱 어렵습니다. 처음 마음을 내었을 때의 그 설레고 행복했던 마음을 잊어서는 안 됩니다. 그래서 자신의 초심을 자주 살펴보는 것이 꼭 필요합니다.

첫마음이 흐트러지는 것은 실패에서 오는 좌절과 온갖 유혹에 넘어가기 때문입니다.

어떤 일이 잘 되지 않는다고 좌절감을 느끼는 것은 일이 항상 순조롭게 진행되길 바라는 욕심 때문입니다. 일은 때에 따라서 잘 될 수도, 잘 안 될 수도 있습니다. 문제는 잘 된다고 너무 들뜨지 말고 안 된다고 의기소침해하지 않으며 어떻게 평정심을 유지하느냐가 중요합니다. 그래서 초심으로 다시 돌아가 마음을 다잡을 필요가 있습니다. 잘 되면 그 여세를 몰아 좀 더 호전시키면 되고, 잘 안 되면 거기서 교훈을 얻어 다음을 기약하면 됩니다. 초심이 굳건한 사람은 어떤 위기가 닥쳐도 결코 흔들림 없이 앞으로 나아갈 수 있습니다.

티베트의 순례자들이 몇 달 동안 오체투지로 라싸까지 갈 수 있는 것은 오직 성지순례를 통해 깨우침과 인류의 복을 빌겠다는 일념이 있기 때문입니다. 그 일념이 바로 마음속에 바르게 싹튼 초심입니다. 삶이 버겁고 가던 길을 포기하고 싶을 때마다 초심으로 돌아가긴 바랍니다. 처음 마음먹었을 때의 기쁨, 환희를 떠올린다면 주위에서 손짓하는 온갖 유혹을 극복해낼 수 있을 겁니다.

그런데 그렇게 부단히 노력했건만 어이없게 쓰러질 경우도 있습니다. 이럴 땐 정말 모든 걸 포기하고픈 심정이겠죠. 고려 시대의 지눌스님(1158-1210)은 '인지이도자因地而倒者, 인지이기因地而起'라고 말했습니다. 이는 '땅에서 넘어진 자, 그 땅을 짚고 일어나라' 라는 뜻입니다. 지금 쓰러졌다고 세상이 끝장난 것처럼 자포자기하지 말길 바랍니다. 실패는 삶의 낭비가 아니라 축적입니다. 경험의 축적이란 말입니다.

실패는 경험이라는 예금통장에 쌓이는 잔액과 같습니다. 어떤 좌절과 유혹이 있어도 초심만 굳으면 다 이겨낼 수 있습니다. 일상에서 초심을 훈련하는 방법은 108배의 첫 일배를 정성스럽게 하거나 설거지할 때 첫 번째 그릇을 정성스럽게 닦는 것처럼 모든 행위의 첫 번째 것을 성심껏 하는 것입니다.

처음 마음은 환한 등과 같습니다. 이 마음이 유지되지 않는 것은 마음이 다시 어두워졌다는 뜻입니다.

한번은 얼굴이 얼어붙을 정도로 추운 겨울에 경기도 연천군에 있는 한 수행처를 찾아간 적이 있습니다. 오랜 시간 수행을 꾸준히 한 수행자와 많은 이야기를 나누고 밖을 나오니 어느덧 어둠이 내려앉아 있었습니다. 하늘을 올려다보니 온 허공에 하나의 별이 유독 빛나고 있었습니다. 반짝이는 별을 보니 그 수행자가 제게 준 세 가지 전언의 말이 떠올랐습니다.

"싫은 일을 해야 깨달음이 옵니다. 간절해야만 변화가 옵니다. 자기 일에 미치지 않으면 이룰 수 없습니다."

밤하늘에서 언제나 그 자리를 지키며 빛나고 있는 별처럼 그 수행자의 견결한 초심이 더 크게 느껴졌습니다.

'시작하다' 라는 의미의 start에는 '별'을 뜻하는 star가 들어 있습니다. 여기서 별은 '북극성'을 의미합니다. 모든 일을 시작할 때(start), 북극성(star)은 그 일을 향해 나아가는 '좌표'가 될 것입니다. 그렇게 마음속으로 다짐하면 앞으로 무슨 일을 시작할 때나 길을 잃고 헤맬 때, 혹은 힘들고 지쳐 주저앉고 싶을 때 언제나 그 자리를 지키고 있는 북극성이 힘을 실어줄 것입니다.

그렇습니다. 북극성은 내가 하는 일의 '의미와 가치'입니다. 무슨 일을 시작할 때(start) 내 마음의 북극성(star)이라는 좌표를 꼭 지녀보세요. 그러면 쉽게 포기하지도, 쉽게 길을 잃지도 않을 겁니다. 초심이 흔들릴 때 start 안에 star가 들어 있음을 언제나 마음속에 되새기길 바랍니다.

Clover

진정한 사랑은
네잎클로버처럼 귀하다

❀ ❀ ❀　　　우리가 세상을 아름답게 볼 수 있는 것은 사랑이 있어서입니다. 오직 사랑만이 이 각박한 세상에서 온정을 느낄 수 있는 유일한 길입니다.

테레사 수녀는 "사랑은 사철 맺는 열매와 같습니다. 아무리 나누어 줘도 줄지 않습니다" 라고 말했습니다. 공자는 이것을 '인仁'이라 했고, 불교에서는 대가 없이 준다고 해서 '무주상보시無住相布施'라고 합니다.

남녀 간의 사랑도 마찬가지입니다. 상대에게 어떤 대가나 보상을 바라고 주는 사랑은 일종의 '거래'이지 사랑이라고 할 수 없습니다. 상대의 자유를 인정하고 기다려줄 줄 아는 것이 상대를 존중하는 진정한 사랑의 마음일 것입니다.

그리고 무엇보다 가장 중요한 것은 자신에 대한 사랑입니다. 자신을 사랑하지 않고서 다른 사람을 온전히 사랑한다는 것은 불가능합니다. 자신을 사랑하는 마음에서 기쁨을 느껴야 다른 사람에게 그 사랑의 마음을 넓혀갈 수 있습니다. 그런데 자신을 희생해가면서 다른 사람에게 사랑을 구한다면 이는 진정한 사랑이라고 할 수 없습니다. 마음 한구석 어디엔가 상대로부터 조금이라도 대가를 바라는 마음이 남아 있기 때문입니다.

어떤 보상을 바라고 상대에게 사랑하는 마음을 펼쳐 보이는 것도 진정한 사랑이라 할 수 없습니다. 그런 위선적인 마음은 상대가 먼저 알아차립니다. 그러므로 진정한 사랑은 진정으로 나 자신을 사랑하는 마음에서 출발해야 합니다. 나를 사랑하는 마음, 여기서 얻는 희열감이 다른 사람에게로 전파되어 타인과 내가 둘이 아닌 하나 됨을 느낄 때 온전한 사랑이 결실을 맺습니다. 진정한 '자기애'에서 출발한 마음이 '이타심'으로 확장되면 그것이야말로 보상이나 대가를 바라지 않는 무조건적인 사랑(unconditional love)으로 발전할 수 있습니다.

사랑은 어마어마하게 큰 것에서 시작하지 않습니다. 늘 감사하는 마음과 친절한 행동에서 비롯됩니다. 우리 곁에서 늘 일상적으로 오가는 행위이지만 잊고 있었던 두 단어 감사와 친절. 지금 이 순간부터라도 아주 사소하지만 서로를 아끼고 기쁘게 하는 귀한 행동, 친절과 감사의 행동을 실천해보기 바랍니다.

clover라는 글자에는 love가 들어 있습니다. '세잎클로버'는 찾기 쉽지만 '네잎클로버'는 찾기 어렵습니다. 진정한 사랑은, 들판에 숨어 있는 네잎클로버를 찾는 것처럼 구하기 어렵습니다.

내가 진정한 사랑을 실천한다는 것은 네잎클로버처럼 내 스스로가 귀한 존재가 되는 것입니다.

그렇습니다. 자신을 존귀하게 여기는 최상의 경지가 바로 진정한 사랑을 베푸는 일입니다. 사실 그 마음은 애써 만들 필요 없이 원래 내 마음 안에 이미 존재해 있었습니다. 그렇게 이미 알고 있었다면 곧바로 실행에 옮기면 되지만, 오랫동안 내 마음을 지배해왔던 이기적인 마음이 그런 진정한 사랑을 실천하는 것을 가로막고 있는 것입니다. 그래서 이때 지혜가 필요한 것이죠. 우리 인간은 속성상 오로지 자신만을 생각하는 이기적인 행동에서는 진정한 기쁨을 얻지 못합니다. 상대에게 진정한 사랑을 주려는 마음과 행동이 일치할 때 비로소 그 기쁨을 마음속 깊이 느끼고 소중히 간직하게 됩니다.

예컨대 물에 빠져 허우적거리고 있는 사람을 보면 그 순간 재빨리 뛰어들어 생명을 구하는 사람들이 있습니다. 이들은 그 순간, 물에 빠진 사람을 구할 것인가 말 것인가를 결코 망설이지 않습니다. 그런 행동 이면에는 타인의 위험, 고통, 아픔을 함께 나누고 싶어하는 마음이 평상시에도 늘 존재하고 있었기에 가능한 행동입니다.

진실된 마음으로 남에게 사랑의 마음을 내는 것 또한 꾸준한 마음 훈련을 통해 가능해집니다. 우선 자신이 평소 얼마나 이기적인 사람인가 알아차리고, 타인에게 작은 친절부터 베푸는 습관을 가져보세요. 일단 남에게 베푼 아주 작은 친절한 행동이라도 몸이 기억해낼 수 있도록 반복적으로 실행에 옮겨보기 바랍니다. 이렇게 의도적으로 작은 실천을 감행하다보면 어느 순간, 이것이 몸에 배어 자연스럽게 이타적 행동으로 이어지는 연쇄반응을 일으킬 것입니다.

그러니 반드시 기억하세요, clover 안에 love가 들어 있음을. 흔치 않는 네잎클로버 같은 귀한 사랑을 하는 행운을 누리고, 그렇게 어렵게 얻은 사랑으로 언제든 쉽게 찾을 수 있는 세잎클로버처럼 언제나 행복을 누리길 바랍니다.

happiness

행복은 늘 푸른 소나무처럼
변함없는 기쁨을 얻는 것이다

행복

❦ ❦ ❦　　우리는 막연히 '행복'이라는 목표점을 정해 놓고 많은 세월 무작정 달려갑니다. 결혼을 하면, 아이를 낳으면, 집을 사면, 시험에 합격하면 마치 눈앞에 행복이 펼쳐질 것처럼 말입니다. 그런데 그 목표를 이루고 난 뒤에 그 행복감이란 것이 과연 얼마나 지속될 수 있을까요? 대부분 원하는 조건이 이루어지면 시간이 지나갈수록 그때의 소중했던 행복감은 변질되거나 사라져버립니다.

그렇다면 진정한 행복이란 무엇일까요? 그 어떤 조건에 관계없이 항상 기쁨을 주는 것이어야 합니다. 얻어서 좋은 게 행복이고, 그것을 다시 잃어 불행했다면 그것은 단순히 물질적 차원에서 바라보는 행복에 불과한 것입니다.

그럼 조건에 관계없이 항상 기쁨을 주는 행복이란 무엇인지 헤아려볼까요. 우선 '살아 있다는 것'이 행복을 주는 요소입니다. "존재 자체가 사건이다"고 했던 독일의 철학자 마르틴 하이데거(1889-1976)의 말처럼 살아 있는 것이 기적입니다. 그런데 이같은 단순진리를 우리는 자주 잊고 삽니다. 이 지구상에 인간으로 태어나 살아 숨 쉬고 무탈하게 존재함을 너무도 당연히 여기며 살아가고 있다는 점입니다. 물론 수명을 다해 죽는 사람도 있지만, 어느 날 우연히 사고를 당해 혹은 천재지변으로, 아니면 병들어 앓다가 죽기도 하는 것처럼 세상에는 생각지도 못한 죽음이 너무도 많습니다. 만약 어느 날, 제대로 자신의 꿈을 펼쳐보지도 못하고 예고 없는 죽음을 당한다면 정말 생각조차 하기 싫은 끔찍한 일이지요. 그런 점을 헤아려보면 지금 살아 있는 것 자체가 행복이란 생각이 절로 듭니다.

또 살아 있기에 우리가 항상 호흡하고 있는 이 '일상'의 즐거움이 행복의 원천입니다. 당장 지금 필요로 하는 것을 손에 움켜쥐고 있다고 행복하다고 말할 수 있나요? 한번 주변을 조금만 살펴보세요. 하늘에 떠 있는 양떼구름, 불붙듯 타오르는 저녁놀, 밤하늘을 하얗게 수놓은 수많은 별들, 냇가에 피어 있는 키작은 야생화들……. 그렇게 그림자처럼 배경처럼 존재하는 자연물들 또한 우리에게 무한한 행복감을 안겨줍니다. 이러한 행복을 과연 돈으로 살 수 있을까요? 맘만 먹으면 우리는 이 모든 것을 얼마든지 내 것으로 만들 수 있습니다. 이는 내가 세상에 존재하는 한, 자연이 인간에게 베푸는 지상 최고의 선물입니다. 일상의 소소한 행복을 주는 이러한 것들은 결코 나를 버리지도, 내게서 떠나지도 않을 것입니다. 그 일상을 천국으로 만들지 지옥으로 만들지는 우리 마음이 선택하는 것입니다.

행복은 조건이 주어지면 그때 느끼는 것이 아니라 매순간 선택하는 것입니다.

일상에서 사소한 행복을 찾지 못하면 좀더 강렬한 수단을 동원하게 됩니다. 그 결과 뭔가 뇌를 충동질하고 자극하여 얻는 행복에 오래 젖어들다보면 이에 중독되기 십상입니다. 그래서 '행복은 강도强度

가 아니라 빈도頻度다'라는 말도 있잖아요. 강렬하고도 자극적인 단한 번의 행복보다는 일상의 작은 행복을 일궈나가는 것이 중요하다는 말이겠죠.

그렇다면 조건에 관계없이 기쁨을 주는 것으로 무엇이 또 있을까요? 그 누구도 아닌, 바로 '나'입니다. 남과 나를 자꾸 비교하면 그때부터 불행의 시작입니다. 남과 나를 비교하지 말고 나의 장점을 발견하며 끊임없이 내 안의 '나'와 실체의 '나'를 비교해보세요. 그리고 '당당한 나'와 그 안에 가려진 '비굴한 나'를 비교해보세요. 그리하여 당당한 내가 될 때 비로소 행복해집니다.

내가 행복하면 다른 사람도 행복합니다. '행복은 전염성이 있다 (Happiness is contagious)'고 하지요. 나를 나답게, 향기있는 사람으로 만들면 그 향기가 다른 사람에게 전해지며 주변사람을 행복하게 만들고, 다른 사람이 행복해하는 모습에 내가 또 그렇게 행복해집니다. 이렇게 조건에 관계없이 내게 주어진 것과 내가 소박하게 선택할 수 있는 것에 만족하는 것을 소욕지족小慾知足이라 합니다.

이제 진정으로 행복한 사람이 어떤 사람인지 살펴볼까요? 소욕지족하는 마음을 항상 지니고 남을 이롭게 하는 사람이 참으로 행복한 사람입니다. 깊은 산속의 샘물을 정성스럽게 담아 사랑하는 사람을 위해 따뜻한 된장국을 끓이는 마음을 가진 이는 정말 행복하겠지요? 이것은 또한 나도 행복하고 남도 이롭게 한다는 뜻의 자리이타自利利他에 해당하기도 합니다.

제게도 작은 행복이 있습니다. 도서관에 갈 때마다 도시락을 싸들고 가는데, 도서관의 식당보다는 조금 걸어서 조그만 교회의 벤치나 약수터의 작은 의자에 앉아 도시락을 먹습니다. 사시사철 계절에 따라 변모하는 자연풍광! 매번 스스로 선택한 풍경을 바라보며 점심식사를 즐길 수 있다는 것 자체가 제게는 큰 행복입니다. 때론 그렇게 행복을 스스로 선택해서 즐길 수 있습니다. 행복이란 결코 상투적인 조건에 의해 좌지우지 될 수 없는 것임을 상기하기 바랍니다.

행복은 소욕지족과 자리이타의 마음에 있습니다.

'행복'을 뜻하는 happiness에는 '소나무'를 의미하는 pine이 들어 있습니다. 행복은 사철 변함없는 소나무(pine)처럼 내 선택에 의해 언제나 느낄 수 있는 것이어야 합니다. 그렇게 매순간 행복으로 충전된 힘으로 생을 의미 있고 가치 있게 한걸음 한걸음 뚜벅뚜벅 걸을 수 있습니다.

Part 3

운명을
바꿔라

danger stupid bless fill danger stupid
estiny snow death down stop mind fill
upid bless danger stupid snow down
top mind snow danger death bless
anger fill stupid bless destiny snow fill
down stop mind fill danger death
ath bless danger snow stop mind
upid fill stupid bless destiny snow fill

fill 채우려고만 하면 병든다

욕심

❀ ❀ ❀   음식을 잔뜩 먹어 배가 부른데도 맛있는 것을 보면 또다시 식욕이 돌아 더 먹어본 적이 있나요? 그런데 원하는 대로 음식을 잔뜩 먹고는 오히려 속이 거북해져서 소화불량에 걸린 경험이 다들 있을 겁니다. 반대로 허기진 상태에서는 아무리 맛없는 음식도 꿀맛처럼 느껴져 맛있게 먹은 경험도 있을 겁니다.

'바다는 메울 수 있어도 사람의 욕심만은 채울 수 없다'는 말이 있습니다. 그만큼 인간의 욕심은 채울수록 탈이 나게 마련이라는 것을 비유하는 말이겠죠. '염일방일 拈一放一'이란 말도 인간의 욕심을 적절히 표현한 말입니다. '하나를 잡으면 다른 하나를 놓아라'라는 뜻입니다. 두 개를 다 가지려고 욕심을 부리면 가지고 있는 하나마저 잃어버리게 됩니다.

개인이든 사회든 세상 모든 갈등은 지나친 욕심에서 비롯됩니다. 이미 다 가지고 있음에도 더 가지고 싶은 마음, 지나친 물욕과 명예욕 같은 인간의 탐욕이 사람과 사회를 병들게 합니다. 그렇게 끝없이 채우려고만 하다가는 결국 몸과 마음이 심각하게 병들고 만다는 사실을 깨달아야 욕심을 없앨 수 있습니다.

욕심을 없애려면 끊임없이 비우는 훈련을 해야 합니다.

피리나 플루트 등의 관악기는 속이 비어 있어야 그 빈 공간에 바람이 들어가 아름다운 소리를 낼 수 있습니다. 빈 공간, 여백이 있어야 그 존재는 끊임없이 새로운 대상과 조우할 수 있는 기회를 부여받게 됩니다. 언제나 빈틈없이 꽉 채워져 있으면 새로움과 만날 기회를 영원히 박탈당하고 맙니다. 자신을 정체되어 있는 존재가 아닌, 끊임없이 새로운 존재로 거듭나게 하려면 한없이 비우려는 마음을 가져야 합니다.

저녁 어스름, 황홀한 일몰을 배경으로 한 저수지 모습은 아름답습니다. 그러나 저수지의 물은 아름다운 풍경을 위해 존새하는 것이 아닙니다. 저수지는 스스로를 비워 그 물로 논과 들을 적셔 곡식을 살찌웁니다. 작물을 키우는 논밭도 물빠짐이 좋아야 좋은 수확을 거둘 수 있습니다. 이처럼 자연도 자신을 비워 나와 관계를 맺고 있는 다른 존재를 풍성하게 만듭니다.

인간도 마찬가지입니다. 넉넉하면서도 돈을 더 벌려는 마음을 가진 사람, 완벽주의적인 성격을 가진 사람, 상대의 마음을 인위적으로 조종하여 목적을 이루려는 사람은 그 욕심 때문에 괴로운 것입니다. 스스로 자신의 주치의가 되어 욕심이라는 병을 다스리지 않으면 자신을 병들게 할 뿐만 아니라 타인에게 상처를 주거나 한 인간의 삶을 극단적으로 파괴시키기도 합니다.

욕심 중에서도 결과를 빨리 앞당기려고 부리는 과욕은 심각한 위험을 초래합니다. 조바심 내지 않고 한 걸음씩 목표를 향해 나아가야 함에도 조급하게 성과를 내고자 욕심을 부려 큰 화를 자초하기도 합니다. 그것은 마치 사다리를 한 걸음 한 걸음씩 올라가지 않고 두세 걸음씩 무리하게 올라가다가 결국 사다리와 함께 무너지는 것과 같습니다. 산속에 있는 호수가 잔잔해야 하늘의 구름을 비추듯, 욕심을 내려놓고 마음을 고요히 하면 무한한 평화가 찾아옵니다. 욕심이 내 마음의 잔디밭을 마구 짓밟고 뛰놀도록 놔두시겠습니까?

콜롬비아의 소설가 가브리엘 마르케스(1927-2014)의 소설 《백 년 동안의 고독》에는 다음과 같은 말이 나옵니다. '초라하고 가난할 때 더 많은 것을 할 수 있다.' 욕심 없는 마음과 가난이 역설적으로 생을 더 역동적으로 살 수 있게 합니다. 잃을 것도 지킬 것도 없는 자유로움과 거침없음 덕이겠지요. 욕심을 내려놓고 마음을 비우면 고요와 평화가 찾아와 무한긍정의 삶을 살 수 있는 것입니다.

채우려고 하지 않고 비워내면 삶에 아등바등하지 않고 어디에도 걸림이 없습니다. 마음을 비우면 그제서야 우물물이 차오르듯 하나씩 진정한 가치들이 채워지기 시작합니다. '인간은 욕망과 권태 사이를 오가는 불쌍한 시계추와 같다'는 쇼펜하우어의 말처럼 욕심으로는 그 어떤 진정한 가치도 만들어내지 못합니다. 결과에 집착하는 욕심을 버리고 마음을 비워 생의 순간순간 과정을 소중히 여기는 삶을 살아가길 바랍니다.

작년에 송이축제로 유명한 봉화에 갔습니다. 봉화군립도서관이 목적지였습니다. 영주역에서 기차를 타고 봉화역에 내리니 역 바로 앞에 편의점이 있었는데 말이 편의점이지 그냥 오래된 구멍가게에 간판만 붙여놓은 모습이었습니다. 점심 때를 한참 지난 시간이어서 허기진 배를 채우려 가게 안으로 냉큼 들어갔습니다. 주문한 컵라면에 가스레인지로 끓인 물을 부으시면서 여든은 넘어보이는 주인할머니가 "고추도 줄까?" 하고 물었습니다. 겸연쩍게 고개를 끄덕였더니 가게 옆 고추밭에서 직접 따온 고추를 깨끗이 씻어 된장과 같이 내왔습니다. 라면이 익기를 기다리는데 할머니의 한마디가 또 제 귓전에 울렸습니다. "밥도 줄까?" 배고픈 아들 건사하는 표정으로 물어오시는 할머니의 말을 거절할 수가 없었습니다. 그날 할머니가 내주신 김치와 '백미白米'는 그야말로 시골 인심의 '백미白眉'였습니다. 컵라면을 먹는 동안 할머니의 83년 풍상의 세월 이야기를 또 다른 반찬인양 맛있게 들었습니다.

할머니가 돈만 벌려는 욕심이었다면 굳이 처음 보는 사람에게 이 같은 온정을 베풀지는 않았겠지요. 자신은 한없이 비우며 타인을 이롭게 하려는 할머니의 마음에서 풋풋한 인정을 느꼈습니다. 우리 삶은 '각박과 온정'을 왔다 갔다 합니다. 여태껏 '각박 총량의 법칙'에 따라 각박한 마음을 많이 펼쳤다면, 이제 온정을 베풀 때입니다. 할머니의 훈훈한 인정을 통해 온정이란 자신을 비우는 데서 시작되는 것임을 깨달았습니다. 봉화를 출발하여 영주에서 김천까지, 내성천처럼 느릿느릿 흘러가는 경북선 기차의 텅빈 객실에서 든 생각이었습니다.

'채우다'라는 뜻의 fill에는 '병든'이란 뜻의 ill이 들어 있습니다. 채우면 좋을 것 같은데 오히려 병든다니 정말 역설이 아닐 수 없습니다. 채우려고만 하면 병든다는 것을 온몸에 각인시켜주는 한글자 'fill'을 잊지 마세요.

danger

화는 나와 남을 위험에 빠뜨리는 일이다

❦ ❦ ❦ 　　　살다보면 화나는 일이 많이 생깁니다. 적절한 분노의 표출은 심신 건강에 도움이 되지만 문제가 되는 것은 과도하게 화를 분출하는 것입니다.

화를 내는 경우는 내가 남에게 화를 내는 것과 남이 내게 화를 내는 경우, 두 가지입니다. 우선 내가 남에게 화를 내는 경우를 볼까요.《연금술사 *Alchemist*》의 저자 파울로 코엘료(1947-)가 쓴 신문집《흐르는 강물처럼 *Like the Flowing River*》에 보면 다음과 같은 말이 나옵니다.

화가 나서 행하는 모든 행동은 실패로 귀결될 수밖에 없다.
(Any action committed in anger is doomed to failure.)

그렇습니다. 화를 내서 얻는 결과는 오직 실패일 뿐입니다. 그래서 《명상록》의 저자이자 로마제국 제16대 황제였던 마르쿠스 아울렐리우스(121-180)가 "분노의 원인보다 더욱 비참한 것은 분노의 결과"라고 말한 바 있습니다. 뭔가에 불을 붙이려면 성냥을 켜거나 종이에 불을 붙여야 하듯, 화를 내는 것은 상대에게 분노의 불덩이를 던지기 전에 먼저 자신이 타들어가고 맙니다. 내가 화를 내는 것은 결국 나의 아집 때문입니다. 나만 옳고 상대는 그르다는 생각에 사로잡히는 것이 화를 자초하는 것입니다. 그래서 "내가 옳다면 화낼 필요가 없고, 내가 잘못했다면 화낼 자격이 없다"는 인도의 비폭력 평화주의자 간디(1869-1948)의 말이 큰 울림을 줍니다. 화를 낸다는 것은 자신의 나약함을 공격성으로 드러내는 행동에 불과합니다. 강한 사람은 화를 흘려보냅니다. 그러니 화내지 마세요. 소중한 사람에게 사랑과 기쁨과 격려를 주고 살기에도 시간이 많지 않답니다.

화는 내가 옳다는 생각 때문에 생깁니다.

이번에는 내가 화를 내는 것이 아니라 상대가 나에 대한 오해나 무시로 화를 낼 때 욱, 하고 맞받아치는 화가 있습니다. 이미 당신으로 인해 화의 불덩이에 빠져 있는 사람에게 맞대응하는 것은 상대를 더 큰 화염에 휩싸이게 하는 것입니다. 《긍정의 힘 *Your Best Life Now*》의 저자 조엘 오스틴(1963-)은 "당신에게 화가 나 있는 사람에게 분노를 표현하는 것은 마치 불에 기름을 끼얹는 것과 같다(When you express anger to somebody who has been angry with you, it's like adding fuel to a fire)" 고 말한 바 있습니다.

그렇습니다. 상대방이 화를 내도 내가 이에 응수하지 않으면 됩니다. 상대방이 화를 내도 이에 반응하지 않는 행위는 상대로 하여금 화내는 것이 얼마나 해로운지 자각케 하는 지혜로운 행위입니다. 그래서 러시아의 대문호 톨스토이(1828-1910)가 "깊은 강물은 돌을 던져도 흐리지 않는다. 모욕을 받고 이내 벌컥 하는 인간은 강도 아닌 조그만 웅덩이에 불과하다"고 말한 것을 우리는 이해할 수 있습니다. 큰 자비심으로, 내게 화를 내는 사람을 바라보는 평정의 마음을 내기 바랍니다.

화내는 사람을 연민으로 바라보세요.

'위험'을 뜻하는danger에는 '화'를 의미하는anger가 들어 있습니다. '화'라는 말이 왜 '위험'이라는 글자 안에 들어 있을까요? 화를 내는 것은 결국 나와 남을 커다란 위험에 빠뜨린다는 것을 상징하는 것이 아닐까요? 자기 집에 화재가 나면 불이 옆집으로 번져 피해를 주듯이 화는 화를 내는 당사자는 물론이고 다른 사람도 위험에 빠뜨리는 주범이라고 할 수 있습니다. 또 화는 고삐 풀린 망아지처럼 불똥이 어디로 튈지, 이로 인해 누구에게 해를 끼칠지 모르기 때문입니다.

그러니 화가 나면 우선 호흡을 가다듬고 고기압으로 상승하는 마음을 차분히 진정시키기 바랍니다. 그러면 마음이 조금씩 진정되면서 결국 화를 내지 않는 가장 좋은 방법은 화낼 일이 전혀 없음을 자각하는 것임을 깨닫게 됩니다.

화를 낸다는 것 자체가 이성적 정신상태를 마비시키는 행위에 불과하다는 사실을 명심하기 바랍니다.

Stupid

어리석음이 올라오는 것을 알아차려라

어리석음

✿✿✿   성경에 '미련한 자에게는 그 미련한 것이 징계가 되느리라(잠언 16장 22절)' 라는 말이 있습니다. 어리석음은 그 자체가 형벌이란 뜻이겠지요. 그러니 어리석음을 가지고 있는 것은 재앙을 가슴에 품고 있는 것과 같습니다. 잡초가 자라듯 사람에게도 어리석음이 끊임없이 자라납니다. 그렇다면 무엇을 어리석음이라고 할 수 있을까요?

우선 어떤 일을 좋아서 시도했다가 그 결과가 좋지 않으면 하지 말아야 하는데 잠깐 좋은 마음이 들었다고 해서 다시 행하면 어리석음이라 할 수 있습니다.

만약 배불리 저녁을 먹었는데도, 맛있어 보이는 음식을 더 먹었다가 배탈이 났다면 어리석은 행위라 할 수 있습니다. 친구들과 기분 좋게 술 한잔 했으면 거기서 끝내야 하는데 2차, 3차 무리하게 계속 술을 마셔 다음날 숙취로 시체놀이를 한다면 이 또한 어리석은 행동이라 할 수 있습니다.

또한 어떤 일이 하기 싫어도 그 결과가 좋으면 해야 하는데 잠깐 힘들고 귀찮다고 하지 않으면 어리석음이라 할 수 있습니다. 예컨대 새벽시간에 집중도 높은 일을 하기에 적당함을 알고 일찍 일어나기로 마음먹었다가 제때 일어나지 못했다면 이 또한 어리석은 행위라 할 수 있습니다. 사람을 칭찬하며 격려해주는 것이 좋은 일임을 알면서도 그 사람이 없는 데서는 끊임없이 험담하는 것 또한 어리석은 행동이라 할 수 있습니다.

스스로 자신의 한계를 설정해놓고 행하지 않으면 어리석음이라 할 수 있습니다.

인간은 무한한 잠재능력을 지난 존재입니다. 자신의 그런 능력을 모르거나 믿지 않는다면 어리석은 사람이라고 할 수 있습니다. 자신이 무능하다고 스스로의 능력에 한계를 짓는 것 또한 어리석은 일입니다. 일단은 매사에 자신감을 얻는 것이 중요하며 '나도 할 수 있다'는 용기가 생겼다면 좀더 목표를 높게 잡아 '초과달성'을 해보겠다는 정신으로 목표에 도전해보세요. 그러면 스스로 한계를 설정하는 어리석음에서 벗어날 수 있습니다.

벽돌을 아무리 갈아도 숫돌이 될 수 없고, 모래로 찜을 쪄도 밥이 될 수는 없는 것입니다. 사랑하는 이에게 달을 따주고 싶은 마음이야 굴뚝같지만, 장대로 달을 딸 수는 없는 법입니다. 어리석은 생각과 행동을 반복하다보면 스스로에게뿐만 아니라 타인에게도 큰 피해를 주고 맙니다. 좀더 부지런하고 지혜롭게 행동한다면 세상사 그리 고달프지만은 않을 텐데, 자신의 우매함을 깨닫지 못하여 치열한 경쟁사회에서 점점 뒷걸음질치게 됩니다. 어리석은 생각이 올라오는 것만 사전에 알아차려도 돌이킬 수 없는 큰 어리석은 행동은 막을 수 있습니다.

어리석은 생각이란 분별심을 내는 것이다.

결국 어리석은 생각이란 좋음과 싫음, 아름다움과 추함, 옳은 것과 그른 것, 착한 것과 악한 것, 나와 남 등 끊임없이 분별심을 내는 것입니다. 물론 현실세계에서 현상을 파악하는 데는 분별심이 필요하기도 합니다. 하지만 인간의 본질을 파악하고 깨달음을 얻기 위해서는 이 분별심을 놓아야 합니다. 분별심을 내면 사물과 세상을 있는 그대로 볼 수 없습니다. 나는 결코 홀로 존재하는 것이 아니라 세상의 모든 것과 연결되어 있으며 다른 사람과의 연관 속에 있다는 지혜를 가진다면 가타부타 분별심으로 초래되는 어리석은 행동은 하지 않게 됩니다.

'어리석은'이란 의미의 stupid에는 '위로'를 뜻하는 up이 들어 있습니다. '어리석다'라는 말에 왜 '위로'라는 말이 들어 있을까요? 그것은 어리석은 마음이 올라오는 것, 즉 자라나는 것을 알아차리라는 긍정적인 뜻이 숨어 있다고 보면 됩니다. 내 삶에 장애를 주는 '어리석음'이 자라날 때마다 이를 알아차리는 '마음의 알람'을 작동시켜야 된다는 뜻이겠지요.

bless

복은 내가 베풀고 덜 가질수록 늘어난다

🌸🌸🌸　우리는 누구나 복을 받고 싶어합니다. 그래서 복을 달라고 기도합니다. 그것을 기복祈福이라 합니다. 복을 달라고 기도하면 신은 당연히 누구는 복을 주고 누구는 복을 주지 않는 차별을 두어 축복해주시진 않겠지만 기복을 하는 데에도 바람직한 태도가 있어야 좋겠지요.

그러면 복을 받으려면 어떻게 해야 할까요? 기복이 아니라 작복作福을 해야 합니다. 작복이란 '복을 짓는 것'을 말합니다. 어떻게 해야 복을 짓는 일이 될까요? 그것은 내가 적게 가지는 것입니다. 독일 신비주의 철학자 에크하르트(1260?~1327)는 이렇게 말했습니다.

많이 소유할수록 적게 지니게 된다.

사람들은 모두 많이 가지려고 합니다. 내가 많이 벌어서 남을 도와줄 수 있다고 생각합니다. 그러나 내가 많이 가져서 풍요롭다는 것은 반드시 누군가의 결핍을 전제로 하는 것입니다. 풍선 한쪽을 누르면 다른 쪽이 튀어나오는 것과 같은 이치입니다. 그러므로 내가 적게 가진다는 것은, 다시 말해 내가 가지고 있는 것을 다른 사람에게 준다는 것은 원래 주인에게 돌려준다는 뜻입니다. 바꾸어 말하면, 풍선을 누르고 있던 손을 놓아 불룩한 부분을 원래의 둥근 풍선모양으로 되돌아가게 해주는 것입니다. 이것이 작복, 즉 복을 짓는 일입니다.

우리는 무엇이 되었든, 얼마가 되었든 지금 가지고 있는 것으로 얼마든지 다른 사람에게 베풀어 복을 지을 수 있습니다. 재물이 없으면 미소짓는 환한 얼굴로, 돈이 없으면 부드러운 말로 상대를 기쁘게 할 수 있습니다.

지금 당장 전철 안이나 버스 안에서 다른 사람에게 자리를 양보해 보세요. 내가 비운 그 자리는 바로 다른 사람으로 채워집니다. 그 채워 짐은 그에게도 채워지지만 내게도 채워집니다. 그래서 비울수록 가 득 차는 것입니다.

내가 가진 것을 남에게 베풀어줄 때 가장 중요한 것은 아무런 대가 나 보상을 바라지 않는다는 점입니다. 남에게 베풀면서 조금이라도 대 가를 기대한다면, 대가 없음에 대한 섭섭한 마음이 조금이나마 남아 있습니다. 그래서 이러한 복을 새는 복이라 하여 '유루복有漏福'이라 합니다. 그러나 상대에게 대가를 바라지 않는 청정한 마음으로 베풀면 절대 복이 새나가지 않는 '무루복無漏福'을 받을 수 있습니다.

남을 가난하게 만들면서 얻는 부는 절대 복을 받을 수 없습니다. 내가 적게 가지면서 남을 부유하게 할 때 진정한 복을 받습니다.

수십 년 동안 지게품을 팔아 설악산을 오르는 임기종 씨는 그렇게 힘들게 번 돈을 어려운 이웃을 위해 기부합니다. 또 직업군인 출신인 황의선 씨는 60이 넘었는데도 700회 넘게 헌혈을 하고 있습니다. 이 쯤 되면 많이 가지고 있어야 베풀 수 있다는 말이 무색해집니다. 성경에도 '마음이 가난한 자는 복이 있나니 천국이 그들의 것이요(마태복음 5장 3절)'라고 분명히 명시되어 있습니다. 또한 '낙타가 바늘귀로 들어가는 것이 부자가 하나님의 나라에 들어가는 것보다 쉬우니라(누가복음 18장 25절)'는 성경 구절도 가슴속 깊이 울리는 진리의 말씀입니다. 내가 덜 가지고 있는 것이 진정 복을 받는 길입니다.

　복을 받는 방법, 참 간단하지요. 지금 가지고 있는 그대로 남에게 베풀면 그것이 복이 되어 돌아온다는 사실, 움직일 수 없는 불변의 진실입니다.

　'축복하다'라는 bless에는 '덜'이라는 뜻의 less가 들어 있습니다. 참 의미심장하지요. '더(more)'가 아니라 '덜(less)' 가지고 있어야 신이 우리를 축복하니 말입니다(God bless you).

destiny

작은 만남이 큰 인연이 된다

인연

❦ ❦ ❦   '운명적 만남'이란 말이 있지요. 그 많은 운명적 만남도 처음에는 작은 만남에서 시작됐을 것입니다. 영화 〈세렌디피티 *Serendipity*〉에 보면 뉴욕의 한 백화점에서 마지막 남은 장갑을 동시에 집으려다가 첫 만남을 가진 남녀가 등장합니다. 그 두 사람은 각각 고서적과 5달러 지폐에 자신의 연락처를 적고서 책과 돈이 다시 그 두 사람에게 돌아올 때 만나자는 약속을 하고 헤어지는 장면이 나옵니다. 그 후 7년이 지나 두 사람은 다시 재회합니다. 이런 운명적 만남도 백화점에서 장갑을 사는 작은 일에서 시작됐습니다.

'운명적 만남'은 이런 낭만적인 만남만 있는 게 아닌가 봅니다. 루이 16세와 로베스피에르의 만남이 그렇습니다. 로베스피에르는 학생 시절에 2시간 넘게 비를 철철 맞고 루이 16세를 기다렸다가 학교대표로 환영사를 합니다. 그 후 시간이 흘러 로베스피에르는 프랑스혁명이 발발했을 때 루이 16세를 단두대로 보내 처형합니다. 빗속에서 처음 이루어진 두 사람의 작은 만남이 이렇듯 엄청난 파국을 가져오는 운명이 되었네요.

이렇듯 모든 운명적 만남은 아주 작은 만남에서 시작됩니다. 우리 주변을 스쳐지나가는 수없이 많은 만남들. 그것이 모두 운명적 만남의 전조라고 생각해보세요. 사람들과의 사소한 만남이라도 가볍게 여겨서는 안 되겠다는 생각이 들지요. 살아 있는 동안, 작은 인연을 소중히 여기길 바랍니다. 작은 만남이 좋은 운명적 만남으로 이어지는 비결을 알려드릴까요. 운명이란 뜻을 가진 destiny가 들어간 명문장을 가슴 깊이, 오래도록 새겨보세요.

행동의 씨앗을 뿌려보세요. 그러면 좋은 습관을 수확할 것입니다. 좋은 습관의 씨앗을 뿌려보세요. 그러면 좋은 인격을 수확할 것입니다. 좋은 인격의 씨앗을 뿌려보세요. 그러면 운명이라는 씨앗을 수확할 것입니다.
(Sow an act, and you reap a habit. Sow a habit, and you reap a character. Sow a character, and you reap a destinye.)

결과적으로 좋은 행동과 습관과 인격이 좋은 인연을 만들어낼 수 있는 '씨앗'이네요. 제게도 잊을 수 없는 인연이 있습니다.

7년 전의 일입니다. 그해 눈보라치는 날에 서해 옹진군 영흥도에 있는 '영흥공공도서관'을 다녀온 적이 있습니다. 4호선 종착역인 오이도역에 내려 새로 생긴 '오이도문화복지센타' 2층에 있는 '작은도서관'을 들른 후 휘몰아치는 눈길을 뚫고 오이도방파제로 향했습니다. 방파제 앞에 이르자 눈발이 더욱 거세지기 시작했고, 저는 방파제 앞에 서서 눈송이들이 굽이치는 서해바다로 쉼없이, 장렬하게 꽂히는 선연한 아름다운 모습을 오래도록 바라보았습니다. 그렇게 얼마를 바라보았을까요. 이제 영흥도를 가기 위해 버스정류장 쪽으로 서둘러 발길을 재촉해야 했습니다.

눈은 계속 내리고 오이도입구 정류장에서 무작정 영흥도 가는 버스를 기다리고 있었습니다. 날은 춥고, 눈가루를 뒤집어쓰고 오돌오

돌 떨며 버스를 기다리고 있는데, 낡고 작은 트럭이 제 앞에 섰습니다. 차를 타자마자 눈을 잔뜩 뒤집어쓴 동태처럼 얼어붙은 제 모습이 안쓰러웠는지 차주인은 옆에 있는 흰 강아지와 함께 빙그레 웃을 뿐이었습니다. 그런 차주인에게 쑥스러운 듯 몇 마디 감사하다는 말을 건넸는데, 그는 운전대 뒤에서 뭔가 집어들며 제게 보여주는 것이었습니다. 그것은 사고로 말을 못한다는 사연이 적힌 코팅된 종이였습니다. 순간, 가슴이 먹먹해졌습니다.

잠시 침묵이 다시 흐르고 이제 시화호방조제가 끝나는 '방아머리 선착장 정류소'에서 내려야 할 때가 왔습니다. 그런데 이때 거짓말처럼 타려고 했던 버스가 트럭을 추월하고 정류소를 지나쳐 버렸습니다. 하늘에서 계속 눈은 내리고, 버스를 놓쳤다는 안타까운 생각이 머릿속에 맴돌고 있었는데, 이때부터 믿기지 않는 트럭의 버스 추격이 시작되었습니다. 차주인은 크랙션을 계속 울려대며 차창 밖으로 연신 손을 휘저으면서 버스를 세우려고 혼신의 노력을 다하고 있었습니다. 마치 영화의 한 장면이 내 눈앞에서 펼쳐지는 것 같았습니다.

결국 버스를 한참 추적한 끝에 차주인은 버스 앞을 가로막고 나서야 안도의 표정을 지었습니다. 그리고 서둘러 버스에 오르라는 듯, 내게 내리라는 눈짓을 했습니다. 아무 생각없이 허둥대며 버스에 올라타자마자 내가 마주친 것은 기사의 지청구와 승객들의 의아스런 시선이었지만, 바로 앞에서 어느새 환한 미소를 지으며 얼른 가라 손짓하는 그의 모습을 놓칠 수는 없었습니다. 도대체 처음 보는 사람에게 이런 '목숨을 건 친절'을 베푸는 이분의 마음을 어떻게 헤아려야 할지 아득해졌습니다.

'영흥공공도서관'의 '나만의 아지트'에 앉아 날이 어둑해질 때까지 창문 틈을 통해 빗발치듯 쏟아지는 눈발을 바라보았습니다. 사실 고백하자면, 그 당시 책 한 줄도 제대로 읽지 못하고 한참을 그렇게 바깥풍경만 바라보며 시간을 보냈습니다.

고맙고 또 고맙습니다. 착한 당신에게 배웁니다.
또 한 번 살아갈 힘을 주셔서 감사드립니다.

제물포역에서 집으로 돌아가는 전철 안에서 내내 이 말만 되뇌었습니다. 여러분은 살면서 타인에게서 이런 친절을 받아본 적 있나요? 이 작은 인연이 앞으로 어떤 큰 운명으로 이어질지 잘 모르겠지만, 그의 친절한 행동은 오래도록 제 가슴에 남을 것은 분명한 사실입니다.

'운명'이란 뜻의 destiny에는 '작은'이란 의미의 tiny가 들어 있습니다. 모든 운명적인 만남은 작은 만남에서 시작되었음을 의미하겠지요. 자신의 선입관이나 편견으로 상대를 판단하거나 심지어 무시하면 운명을 바꿀 수도 있는 만남을 놓쳐버리게 될 것입니다. 그러니 내 앞에 존재해 있는 상대를 있는 그대로 바라보고 항상 존중하는 마음으로 대하다보면 우연조차 필연으로 이어지면서 운명적 만남이 될 가능성이 높아지겠지요.

Snow

지금 이 순간 흰 눈을
보는 것처럼 깨어 있으라

❦❦❦　　　'지금 이 순간에 깨어 있으라' 라는 말을 많이 듣습니다. 하지만 우리의 생각은 언제나 지나간 과거에 대한 후회와 미래에 대한 불안으로 가득 차 있어 현재에 깨어 있기가 어렵습니다. 현재를 온전히 느끼고 살아가는 일은 쉬운 일이 아닙니다.

　현재 자신의 위치를 올바로 직시하고 현실의 삶에 충실하면 지난 불행했던 과거가 재구성되고 미래를 밝게 기대할 수 있습니다. 과거 시행착오의 삶을 거쳐 오늘, 현재에 이를 수 있었다는 인식에 도달했고, 그리하여 현재를 최상의 삶으로 이끌어낼 수 있었다면 이러한 매 순간의 축적된 삶이 바로 밝은 미래를 결정하게 되는 것입니다.

현재를 느끼고 최적으로 살아내면 그것이 바로 과거와
미래를 지배하는 일이 됩니다.

　현재에 몰두하지 못하고 과거의 일로 돌아가는 것은 마치 재방송을 되풀이하여 보거나, 같은 필름을 계속 현상하는 것과 다를 바 없습니다. 지나간 일을 자꾸 떠올리는 것은 과거의 기억 속에 자신을 가두는 일입니다. 과거에 갇혀 있어서는 현재에 깨어 있기 어렵겠죠. 현재에 충실해야만 왜곡된 과거에 대한 집착과 상처에서 벗어날 수 있습니다. 그러나 가슴에 깊이 박힌 상처가 하루아침에 마음먹은 대로 빨리 아물 수는 없겠죠. 아무리 고통스러운 기억도 그것이 현재의 견고한 삶을 이루기 위해 필요한 과정이었다고 이해하기까지는 많은 세월이 걸릴 수 있습니다. 때론 그러한 인고의 세월을 견뎌내지 못하고 미래로 가는 출구를 발견하지 못한 채 생을 마감하는 사람들도 있습니다. 그렇다고 과거의 고통, 후회를 이기는 비법이 따로 존재하는 것은 아닙니다. 방법은 현재의 나를, 내가 가야 할 길을 정면으로 응시하며 지금 처해 있는 현실에 충실하는 것뿐입니다.

문제는, 과거는 극복되었고 현실의 삶도 그럭저럭 견딜 수 있으나 미래가 불안하다는 생각으로 잠 못 이루는 분들입니다. 미래에 대해 불안해하는 것도 마찬가지입니다. 아직 오지 않은 미래를 걱정하는 것은 내 삶에 아무런 도움이 되지 않습니다. 현재에 깨어 있다는 것은 현재 내가 할 수 있는 일에 최선을 다한다는 말입니다. 미래는 결코 조바심을 가지고 기다리는 것이 아니라 매 순간 현실을 충실하게 살아가는 것 자체가 미래를 창조해내는 일입니다.

그래서 '미래를 예측하는 가장 좋은 방법은 미래를 창조하는 것 (The best way to predict the future is to create it)'이란 말이 나온 것입니다. 그러니 오직 현재만이 실재합니다.

필자도 과거를 돌이켜보면, TV를 보면서 식사를 하거나 화장실에 앉아서 책을 보거나 상대방과 대화를 하면서 머릿속에는 이런저런 걱정을 하는 등 '불필요한 멀티태스킹 작업'을 많이 하곤 했습니다. 그러나 어느 날 이것이 얼마나 낭비인가 깨닫게 되었고 그것이 무엇이 되었든 지금 하고 있는 일에만 오로지 집중하겠노라 다짐했습니다. 그리고 곧바로 이를 실행에 옮겨보았는데 처음에는 잘 되지 않았습니다. 동시에 두세 가지 일을 해내는 것이 나의 장점인 듯 오랜 습성으로 굳어져 있었기 때문입니다. 그러나 어느 정도 시간이 지나 고비를 넘기자 한 가지 일에만 집중하는 것이 얼마나 중요한지 느끼기 시작했습니다. 여러 일을 동시에 진행했을 때보다 마음이 훨씬 편안해지고 하나의 생각에 맞춰 몸을 경쾌하게 움직이다 보니 그만큼 집중력이 높아졌습니다. 이제는 오히려 여러 일을 한꺼번에 해내는 것에 부담이 느껴질 정도가 되었습니다.

일상에서 깨어 있음을 어떻게 훈련하면 될까요? '눈'이라는 뜻의 snow에는 '지금'이라는 now가 들어 있습니다. 겨울산을 올라보며 설경에 취해 무아지경에 빠져본 경험이 있을 겁니다. 또 마당의 나무에 내린 눈만 봐도 그 아름다움에 빠져 아무런 생각도 나지 않은 경험이 있었을 겁니다. 그 순간에는 지난주 시험에 떨어져 낙심했던 마음도 잠시 잊을 수 있고, 내일 당장 해결해야 할 카드대금도 생각나지 않겠지요. 어린아이처럼 오로지 지금 내 앞에 펼쳐진 설경을 설레는 마음으로 바라보았을 겁니다.

현재에 깨어 있다는 것은 바로 그런 것입니다. 선사들이 이르길, 밥 먹을 때 밥 먹고 졸리면 자는 것이 진정한 수행이라고 합니다. 아주 진부한 말 같지만, 현재 하는 일에 몰두하는 것이 얼마나 중요한지 일깨워줍니다. 밥 먹을 때 텔레비전 보고 졸릴 때 늦게까지 자지 않고 스마트폰을 보니 현재에 제대로 깨어 있을 리가 만무합니다.

명상하는 사람들은 호흡이 들어오고 나가는 것을 지켜보는 것으로 현재에 깨어 있는 훈련을 하기도 합니다. 이것도 좋은 방법입니다. 더 쉬운 방법으로 snow와 now를 연결시켜 훈련하길 권합니다. 산이든 마당이든 눈을 보며 아무런 생각도 하지 않으며 오로지 행복했던 순간을 떠올리는 연습을 계속해보세요. 그러고나서 여력이 되면 설경을 보며 오직 그 순간에 몰두했던 것처럼, 오직 하나에만 집중했던 기억을 떠올려보세요. 바닷가에서 떠오르는 태양을 보며 가슴이 벅찼을 때, 산봉우리들이 끝없이 펼쳐지는 장관을 보며 감탄했을 때, 저녁 무렵 붉게 타들어가는 낙조를 바라보며 환한 미소를 지었을 때 등 여러 기억들로 순간에 깨어 있는 훈련을 해보세요.

순간에 깨어 있는 훈련을 하는 것은 어떤 경우에도 고통과 불안을 배제하고 지금 이 순간에 행복하기 위함입니다. 이런 훈련은 낯선 것이지 어려운 것이 아닙니다. 일상에서 실수한 일이 계속 신경 쓰여 지금 하고 있는 일이 손에 잡히지 않거나, 중요한 약속시간에 늦을 것 같은 불길한 생각에 빠져 있다면 이미 당신의 생각은 과거나 미래에 가 있는 상태입니다. 이럴 때일수록 현재에 깨어 있는 연습을 해야 합니다. snow에 now가 들어 있음을 생각해내어 항상 현재에 깨어 있기 바랍니다.

death

죽음이란 현재라는 성찬을 맛있게 먹는 것이다

✿ ✿ ✿　　　"알차게 보낸 하루가 편안한 수면을 가져다주듯, 알찬 생애가 평온한 죽음을 가져다준다"고 레오나르도 다빈치(1452-1519)는 말했습니다. 매 순간을 창조적인 삶으로 채운 르네상스의 거장, 다빈치다운 말입니다. 인간은 누구나 죽음을 피할 수 없습니다. 그래서 죽음은 우리에게 두려움으로 다가옵니다. 하지만 죽음을 어떻게 받아들이느냐에 따라 삶의 모습이 확연히 달라질 수 있습니다.

　사랑하는 아들을 잃은 여인이 부처님을 찾아와 견디기 힘든 상실의 고통을 호소했습니다. 그러자 부처님은 이 여인에게 마을로 가서 집집마다 다니며 죽은 사람이 없는 집에서 겨자씨를 얻어오라는 주문을 내렸습니다. 부처님 말씀대로 여인은 집집마다 돌아다니며 집에 죽은 사람이 있는지 없는지 일일이 확인하러 다녔지만, 단 한 곳도 죽은 사람이 없는 집은 없었습니다. 결과적으로 이 여인은 한 알의 겨자씨조차 얻을 수 없었고 이 일로 인해 중요한 사실을 하나 깨닫게 됩니다. 죽음이란 인간이라면 그 누구도 비껴갈 수 없다는 것을. 그 후 이 여인은 슬픔에서 벗어날 수 있었답니다.

　인간은 누구나 죽기에 우리는 살아 있는 동안 항상 인생을 값지고 알차게 보내야 합니다. 죽음은 두려움의 대상이 아니라 매 순간 우리에게 삶을 결코 허투루 보내지 말라는 고마운 경고 혹은 각성입니다. 이렇게 죽음에 대한 관점을 비관적이 아닌 긍정적 관점으로 바꿔놓는 순간 생은 활기를 띠게 됩니다.

하루하루는 두려운 종착역인 죽음으로 가는 것이 아니라 최선을 다하는 마라톤의 피시니라인finish line으로 향하는 길입니다.

'죽음'이라는 뜻의 death에는 eat가 들어 있습니다. 죽음이란 바로 매 순간이라는 성찬을 먹는 일입니다. 살아 있음 자체가 세상에서 가장 큰 성찬인 것입니다. 그 성찬을 제대로 즐기려면 언제나 깨어 있고 이웃에게 선행을 베풀 수 있어야 합니다. 깨어 있음과 선행의 삶을 실천한 사람에게 죽음이란, 인생이라는 마라톤에서 최선을 다한 사람이 얻는 팡파레입니다. 예수님도 이 생에서 해야 할 일을 다 마치고서 제자들과 성찬을 나누었듯 매 순간을 가치 있고 행복하게 보내는 삶이야말로 죽음을 행복하게 맞이하는 자세가 될 것입니다. 그럴 때 네덜란드의 철학자 스피노자(1632-1677)가 말한, "내일 지구의 종말이 오더라도 나는 오늘 하나의 사과나무를 심겠다"는 명언이 가슴 깊이 새겨질 것입니다.

살아 있으면서 죽은 삶을 살 것인지, 매 순간 죽음을 향해 가면서도 새로운 삶을 살 것인지 스스로 선택할 수 있습니다. 인터넷에서 죽음을 두려워하지 않고 길 위의 여행을 하고 있는 91세의 여인, 드라이빙 미스 노마가 화제였습니다. 고령에 질병에 시달리고 있음에도 자신이 하고픈 일을 마음껏 펼치는 할머니에게서 죽음에 대한 두려움이라고는 찾아볼 수 없었습니다. 그녀의 태도는 살아 있는 현재의 삶에서 기쁨을 느끼는 것이 죽음을 준비하는 가장 현명한 자세임을 우리에게 되돌아보게 합니다.

잘 살아낸 지금 현재가 바로 천국이고 극락임을 잊지 마세요.

현재를 잘 살아내어 타인의 귀감이 된 사람은 죽은 이후에도 살아 있는 사람들 머릿속에 오래 기억됩니다. 천국과 극락은 매 순간 우리가 어떻게 살아가느냐에 따라 만들어낼 수 있다는 사실을 마음 깊이 새기길 바랍니다.

down 내려놓으면 다 얻는다

집착

우리는 끊임없이 무언가에 집착합니다. 집착하는 대상은 다양합니다. 재물이나 명예일 수도 있고 이성이나 자식일 수도 있습니다. 집착은 붙잡고 있는 것입니다. 그렇게 계속 붙잡고 있으면 반드시 자신에게 해가 됩니다. 뜨거운 불덩이를 계속 잡고 있으면 손을 데듯 말입니다. 이제 집착의 불덩이를 내려놓으세요. 마치 어린아이가 뜨거운 난로에 손을 한 번 덴 후, 다시는 그 근처에는 얼씬도 안 하는 것처럼 집착의 불덩이를 멀리하세요. 그러면 집착으로 인한 고통도 서서히 사라지겠죠.

노스님과 젊은 스님이 냇가를 건너게 되었습니다. 그런데 그 두 스님 옆에서 한 여인이 개울을 건너지 못해 발을 동동 구르고 있는 모습이 보였습니다. 노스님이 말없이 여인을 업고 냇가를 건너 내려주었습니다. 여인을 내려주고 한참을 걸어가다 젊은 스님이 노스님에게 물었습니다. "어찌하여 스님이 여인을 업을 수 있습니까?" 이 말에 노스님이 이렇게 답을 했습니다. "나는 여인을 물가에 내려놓고 왔건만, 너는 아직도 여인을 등에 업고 있구나." 젊은 스님은 그 여인을 계속 마음에 담고 길을 걸었던 것이지요.

위의 일화에서 보듯이 사람이 어딘가에 집착을 하면 쉽게 놓지를 못합니다. 그러면 어느 새 그 대상에 매이게 되고, 그 대상에 의해 내가 좌지우지되고 맙니다. 마음의 주인은 나인데 객이 되어버리고 맙니다. 그래서 마음의 집착덩어리를 내려놓아야 합니다. 집착을 단번에 놓아버리긴 힘들겠지만, 일단 내려놓는 순간 마음이 새털처럼 아주 가벼워짐을 느낄 것입니다. 집착을 내려놓는 경지를 이르는 적절한 표현이 있습니다.

'죽영소계진부동 월천담저수무흔(竹影掃階塵不動 月穿潭底水無痕)' 즉 '대나무 그림자 뜰을 쓸어도 먼지 하나 일어나지 않고, 달빛이 연못을 꿰뚫어도 물살 일지 않네' 라는 뜻입니다. 어디에도 집착하지 않고 할 일을 하는 경지를 절묘하게 그려낸 말이라고 할 수 있습니다.

겨울이 되면 나무들이 잎을 아래로 다 떨구고 비웁니다. 그리고 잎이 다 진 자리에 흰눈이 쌓이면 더없는 절경을 이룹니다. 비우면 이렇게 스스로 아름다운 모습을 자아낼 수 있습니다. 중국 명나라 때 학자인 원요범(1533-1606)이 쓴 《요범사훈了凡四訓》에 다음과 같은 말이 있습니다.

얻기 위해서는 먼저 놓아야 한다. 만약 놓아버리기를 주저하면 얻는 것도 없다. 그냥 놓아버리면 구하는 모든 것을 받게 될 것이다.

그렇습니다. 우리가 놓아버린다는 것은 더 큰 것을 얻기 위함입니다. 내려놓는 순간 나는 더 큰 존재가 됩니다. 나를 내려놓으면서 온 세상을 소유할 수 있는 것입니다. 나를 내려놓으면 내 입장에서만 바라보던 세상이 있는 그대로 보이며 내가 만나는 사람과 세상을 넓고

깊게 바라볼 수 있게 됩니다. 그래서 내려놓아야 합니다. 나를 좁은 틀에 가두지 않고 우주의 중심에 놓는 방법은 오로지 나 자신을 내려놓는 길밖에 없습니다.

연탄재는 자신을 다 태워 사람을 따뜻하게 해준 후에도 자신의 존재조차 다 부수어 미끄러운 길을 덮고서 지나는 모든 사람들 발 밑에 엎드려 그들을 보호해줍니다. 연탄재 한 장의 은혜가 이렇듯 크나큰 것은 자신을 남김없이 모두 버렸기에 가능한 일입니다.

'아래로'라는 뜻의 down에는 '소유하다'라는 의미의 own이 들어 있습니다. 나를 내려놓으면 모든 것을 얻을 수 있습니다. 세상을 보는 새로운 눈, 대상에 집착하지 않고 있는 그대로 보는 지혜, 나를 우주의 중심에 놓는 통찰력 등은 나를 내려놓아야만 얻을 수 있습니다. 이러할진대 어찌 나를 내려놓지 않을 수 있나요?

Stop 욕망을 멈추면
정신의 최고 경지에 이른다

❦ ❦ ❦　　　　프랑스의 철학자 자크 라캉(1901-1981)이 이런 말을 했습니다. '욕망은 무의식적으로 작동하기 때문에 본질적으로 결코 충족될 수 없으며 인간은 욕망을 포기하는 순간부터 성장한다.' 노자의 《도덕경》에도 '지지불태知止不殆' 라는 말이 있습니다. '멈출 줄 알면 위태롭지 않다' 는 말입니다. 모두 욕망을 추구하라는 것이 아니라 욕망을 멈추라는 이야기들입니다. 왜 욕망을 멈추어야 할까요? 욕망은 추구할수록 더욱 충족되지 않고 오히려 내 삶을 위태롭게까지 하기 때문입니다.

인간은 주로 5가지 욕망에 깊이 빠집니다. 색욕, 명예욕, 재물욕, 식욕, 수면욕이 바로 그것입니다. 기본적인 욕망을 충족하고자 하는 마음은 큰 문제가 없으나 문제는 집착에 기반을 둔 과한 욕망의 표출이 문제입니다.

욕망을 어떻게 멈출까요? 욕망을 따라가지도 말고 억제하지도 말 것이며 다만 욕망이 올라오는 것을 느끼고 그것이 가라앉을 때까지 기다리면 됩니다. 그러면 욕망은 화로에 내리는 눈에 불과하다는 사실을 깨닫게 됩니다.

욕망을 멈추면 아직 가보지 못한 마음의 신세계에 다다를 수 있습니다.

자신의 욕망을 충족시키기보다는 세상을 변화시키는 큰 욕망인

'서원誓願'을 가져보세요. 그러면 지성보다는 영성을 가진 존재가 됩니다. 욕망을 멈출 때만이 자신의 참모습을 볼 수 있습니다. 명나라 때의 선비 원요범이 쓴 《요범사훈》에도 다음과 같은 말이 나옵니다.

욕망을 끊고 진성眞性을 드러내어 이것을 성취한다.
이렇게 하지 못하면 우리는 궁극의 진실을 성취할 수 없을 것이다.

전국에 봉쇄수도원이란 것이 있습니다. 수녀님들이 한번 들어가면 목숨이 다할 때까지 스스로 나오지 않는 곳입니다. 강화 성 글라라 수도원, 익산 성 글라라 수도원, 마산 트라피스트 수녀원, 밀양 가르멜 수도원, 대구 가르멜 수녀원 등 여러 봉쇄수도원이 있지만, 수도권에서 가까운 곳으로 양평 청운면 신론리에 '성 글라라 수도원'이 있습니다. 그곳에 갔을 때의 느낌을 잊을 수가 없습니다. 세속적인 욕망을 멈추고 오로지 신과 직접 만나려는 간절한 마음을 봉쇄수도원에서 온몸으로 느낄 수 있습니다.

'멈추다'라는 뜻의 stop에는 '최고' '최상'이라는 의미의 top이 들어 있습니다. 세속의 욕망을 멈추면(stop) 무상정등각無上正等覺, 즉 최상(top)의 깨달음을 얻을 수 있습니다. 그러니 잊지 마세요. stop 안에 top이 있다는 사실을. 멈추면 정신의 최고 경지에 이릅니다.

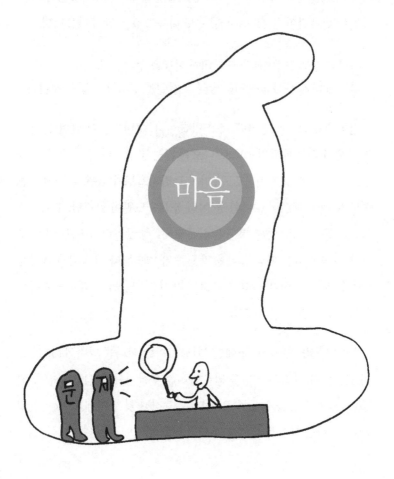

mind 모든 문제의 해결은
마음 안에서 찾아야 한다

마음

문제

✹✹✹　관시편법계 착야불용침寬時偏法界 窄也不容鍼이란
말이 있습니다. '너그러울 때는 온 세상을 다 품을 듯하지만, 좁아질
땐 바늘 하나 꽂을 자리가 없구나' 라는 뜻이지요. 중국 선종의 창시자
달마대사(?-528?)가 한 이 말보다 우리의 마음을 더 잘 표현한 말을 찾
기 힘들 것 같습니다. 어떤 이는 또 마음을 이렇게 말합니다.

마음 심心자의 획 방향이 다 다른 것처럼 마음이 어디로 튈지 모른다.

이 모든 것이 인간의 종잡을 수 없는 마음을 두고 하는 말입니다.
마음이 이렇게 왔다 갔다 하는 것은 모두 마음 밖의 대상에 마음이 끌
려다니기 때문입니다. 마음 밖의 대상을 화공畵工처럼 마음에 그리
고 그것에 따라 웃고 울고 하는 것입니다. 그래서 《화엄경》에서는 마
음을 심여공화사心如工畵師, 즉 '마음은 능숙한 화가와 같다' 라고 했
습니다.
　그런데 마음 안을 들여다보면 마음속은 사실 가을하늘처럼 언제나
청명함을 알아야 합니다. 우리가 화가 나고 짜증이 나는 것은 모두 대
상에 대한 '생각'이 만들어내는 허상입니다.
　소가 끄는 수레가 가지 않는다면 소를 때려야지 수레를 때려서야
되겠습니까? 소가 바로 마음입니다. 수레는 몸에 불과합니다. 마음 밖
에 있는 수레를 아무리 때려도 수레는 움직이지 않습니다.

마음 안을 보라는 말은 모든 문제는 외부나 상대에 있지 않고 내 문제라는 것입니다. 마음속에 내가 그리는 탐욕과 성냄과 어리석음 그리고 대상에 대한 미움과 원망 등이 모두 내 문제라는 것을 알아야 합니다. 그러니 마음 안을 보라는 것은 이러한 것들이 먹구름처럼 마음을 가리고 있음을 분명히 알라는 뜻입니다. 먹구름 뒤에 태양이 변함없이 있듯이 마음도 그렇게 항상 청정하게 내 마음 안에 존재합니다.

이 청정한 마음은 용광로와 같습니다. 두려움, 불안, 허무, 절망을 다 녹여버리고 굳건한 마음이 되게 합니다. 마음은 이렇게 고철들을 녹여서 강철을 만들어내는 힘이 있습니다. 내가 움직이지 않는 한, 마음 밖의 객관적 상황은 꿈쩍도 하지 않습니다. 일단 마음을 바꾸면 장애물처럼 여겨지던 객관적 상황도 바꿀 수 있습니다.

그러니 순서를 제대로 잡아야 합니다. 생각을 긍정적으로 하고 모든 문제의 원인이 내게 있다는 것을 인식하면 문제해결의 지혜가 생깁니다. 삶의 '외연'을 확장시키기보다 마음의 '심연'을 들여다보는 것이 인생을 지혜롭게 사는 길입니다.

강원도 양양 낙산사 안에 있는 홍련암을 가는데 '조고각하照顧脚下'라는 글이 눈에 들어 왔습니다. '발밑을 항상 살펴라'라는 뜻이겠지요. 끈 풀린 신발로는 제대로 걸을 수 없습니다. 매번 신발 끈을 조이듯 마음을 살피라는 뜻으로 마음에 '조고각하'란 글을 새긴 적 있습니다.

마음의 조도를 높이세요. 내 마음이 어두우면 주변도 어두워지고, 내 마음이 환하면 주변도 다 환해집니다.

'마음'을 의미하는 mind라는 글자에는 '안'을 뜻하는 in이 들어 있습니다. 마음 안을 들여다보면 마음속은 계곡의 '小沼'처럼 항상 맑고 깨끗합니다. 마치 구름은 나타났다 사라지지만 허공은 언제나 그대로인 것처럼 말입니다. 그런데 우리는 '마음'이 아닌 '생각'으로 온갖 걱정과 불안을 지어냅니다. 걱정과 불안은 실체가 없는 것입니다.

우리가 할 일은 걱정과 불안을 의지와 자신감으로 변화시키는 마음의 연금술사가 되는 것입니다. 공기를 의식 못한 채 숨을 쉬는 것처럼, 우리에게 언제나 마음이 있다는 것을 모르고 사는 경우가 많습니다. 내가 마음먹으면 태산도 움직일 수 있다는 강인한 마음, 그 자체가 내게는 보물 제1호인데 말입니다.

마음을 스스로 천덕꾸러기처럼 홀대하니 내 삶이 남루해지는 것 아닐까요. 몸이라는 포장지보다 나의 진정한 가치를 발휘하는 마음, 이제부터 우주 중심에 있는 나의 '마음'을 제대로 챙겨야겠다는 생각이 들지 않나요?

내 운명을 바꾼 한글자

추천의 글

월호 스님 | 행불선원장, 저서 《아무도 너를 묶지 않았다》

이기와 | 시인, 나봄명상예술원장, 저서 《시가 있는 풍경》

김동욱 | 고려대학교 영문학과 교수

유시경 | 성공회 신부

전팔금 | 전 원광대학교 부총장

안영남 | 의정부교회 목사

월호 스님 | 행불선원장, 저서 《아무도 너를 묶지 않았다》

한마디로 기발하다. '운명을 바꾸는 한글자'라는 발상도 그렇거니와, 재미있고 명확하고 쉽게 진리를 일상생활에서 실천할 수 있는 내용을 가득히 담고 있다. 그래서 책을 읽는 내내 무릎을 치게 된다.

필자는 danger에서 anger를 찾아내어 분노가 위험을 초래한다고 설명한다. 화는 참으면 병이 되고, 터뜨리면 업이 된다. 한마디로 공덕을 모조리 태워먹는 것이다. 이보다 더한 위험이 있으랴? 또한 thank에서 than을 들어 남들과 비교하려 말고 스스로를 비교해야 감사함이 우러난다고 말한다. 이 시대에 귀감이 되는 정확한 지적이다. 우리 국민들은 분명히 잘 살고 있지만, 우리나라보다 훨씬 경제적으로 뒤떨어진 나라에 비해 행복지수가 현저히 낮은 까닭이 여기에 있다. 주변사람들과 자꾸 비교하다보니 상대적 박탈감을 느끼는 것이다. 필자는 이를 통찰하며 스스로를 비교토록 유도한다. 어제의 나와 오늘의 나는 어떻게 다른가? 오늘의 나와 내일의 나는 어떻게 달라질 것인가?

필자의 불교적 식견 또한 해박하기만 하다. place에서 ace를 찾아내어, 가는 곳마다 최고(주인공)가 되면 있는 곳마다 진리라고 하는 '수처작주 입처개진(隨處作主 立處皆眞)'을 설명한다. show에서 how를 끄집어내서 서산대사의 '답설야중거踏雪野中去' 선시로 비유하는가 하면, beggar에서 egg를 들어 재시, 법시, 무외시를 설명하며 대가를 바라지 말고 보시하라는 '무주상보시無住相布施'까지 풀어낸다.

이 책은 청소년들의 영어공부는 물론, 성인들의 자기통찰에 매우 유익할 것이다. 거기에 재미까지 있으니, 현대인들에게 재미와 의미를 함께 안겨줄 것이다. 진심으로 일독을 권해마지 않는다.

이기와 | 시인, 나봄명상예술원장, 저서《시가 있는 풍경》

언어言語가 먼저일까, 사고思考가 먼저일까? 그 근거를 저자 이강석이 펴낸《내 운명을 바꾼 한글자》라는 책에서 발견할 수 있을 것이라 믿는다. 6년의 시간을 쏟았다는 이 책 곳곳에서 그의 남다른 사유와 집념, 열정의 흔적을 만나게 된다. 이 책은 '영어단어 습득'이나 '영어실력 향상'에 목적을 둔 책이라기보다 인류의 문명이 만들어낸 문자에 담긴 지혜와 교훈에 초점을 두고 있다.

그는 말한다. 우리말에 '달팽이'라는 이름은 '달 속에 팽이가 들어앉은 것'을 본떠 만든 것이 아니냐고……. 국문학자인 나를 놀라게 한 대목이다. '달'과 '팽이'가 만나 달팽이가 된 어원의 발굴은 '일물일어설一物一語說'에 걸맞은 표현이 아닐 수 없다. 마찬가지로 'small'이라는 말에는 '모두'을 뜻하는 'all'이 들어 있고, 'mind'라는 글자에는 '안'을 뜻하는 'in'이 들어 있다고 설명한다. 상징적이고 관념적일 수밖에 없는 언어가 또는 언어가 지시하는 대상이 그의 연금술적인 순수이성의 영역을 통해 좀 더 실제화되어 이해를 돕고 있다. 책에 소개된 63개의 영어단어들은 기호의 한계와 제약, 개념의 마법에서 풀려나 새로운 기의(記意, 시니피에signifie)의 옷을 입고 인식의 무대로 등장한다.

사피어 워프의 '언어가 인간의 사고를 규정한다'는 주장처럼 우리의 삶은 언어에 고립되고 언어에 지배된다. 다시 말해 상징계와 실재계 사이, 즉 자아의 욕망과 이상 사이에서 하염없이 중심을 잃고 미끄러지는 것이다. 그런 언어의 기만으로부터 벗어나 자유의 주인이 되기 위해서 관습적 언어의 외연이 아닌 내연을 찾아 수행할 것을 필자 이강석은 권유한다. 그러하여 글자 한 자가 운명을 바꾸는 대변혁의 순간을 맞이하기를 기원한다.

우리시대의 소외와 불통의 불온을 극복하고 흔들림 없는 여여如如한 삶으로 향하는 길, 수처작주隨處作住인 자기답게 사는 법, 욕망의 태도와 연관하여 자기성찰과 존재회복을 제시하는 '인성안내서'와도 같은 책이다. 그는 마치 견성을 깨달아 막 산문을 나온 선사처럼 인간의 궁극적 목적인 이고득락離苦得樂의 길을 한자 한자 웅숭깊게 설명하고 있다.

김동욱 | 고려대학교 영문학과 교수
가산可山 이효석은 가을날 뜰에 떨어진 '낙엽'을 태우며 '갓 볶아낸 커피'의 향을 맡고 "맹렬猛烈한 생활의 의욕意慾"을 느낀다고 말한 바 있다. 가산可山의 타는 낙엽과 개암 향 나는 커피 사이의 신선한 연결이 감각적이고 시적이라면, 이 책의 저자가 사용하는 두 단어 사이의 연결은 분석적이고 경구적이다.

가령, 저자는 flower라는 단어를 해체하여 low를 분리하고 상호연관이 없어 보이는 두 단어 flower와 low를 기발하게 연결하는데, 이는 마치 T. S. 엘리엇이 '타자기의 소음'과 '장미의 향'을 연결할 때처럼 낯설고 참신하다. 여기서 저자는 자신을 겸손하게 낮출 때 꽃처럼 향기로운 인생을 살 수 있다고 말하며, 일상에서 꽃을 볼 때마다 내포된 이 의미를 되새겨 겸손하고 의미 있는 삶을 실천할 것을 요청한다.

이 책에는 한국의 영어교육과 미래에 대한 저자의 평소 고민과 교육철학이 녹아들어 있다. 저자는 오랫동안 인문학 혹은 인문정신에 기반한 영어교육을 실천하고자 노력해왔다. 영어단어나 문법을 기계적으로 암기해서 수능에서 고득점을 받고 좋은 대학에 진학하는 성공방정식에 의문을 제기하고 단어 하나를 가르치더라도 창의적인 사고와 발랄한 상상력을 촉진할 수 있는 일종의 새로운 영어학습법을 모색해왔던 것이다.

그러나 이 책이 이러한 모색의 과정에서 수확한 저자의 첫 결실이지만, 이 책의 독자는 영어를 공부하는 학생들에게만 국한되지 않는다. 저자는 다양한 경험과 독서 그리고 예리한 관찰력과 깊이 있는 명상을 통해, 개인의 내면의식에서 야기되는 문제뿐만 아니라 사회 속에서 개인의 역할, 개인과 공동체 사이에서 발생할 수 있는 문제를 해결할 수 있는 방법을 흥미로운 방식으로 제시하고 있어 일반 대중독자를 위한 인생지침서로도 손색이 없다고 할 것이다.

이 책의 독자는 공기마냥 의문 없이 수용하여 진부해진 개념이나 사물을 '명상의 거울'에 비추어보는 계기를 갖게 될 것이다. 이를 통해 사고의 질서를 창의적으로 궁구하는 정신을 배양하는 것외에, 소소한 일상의 반복에도 '맹렬한 생활의 의욕'을 다지게 된다면 금상첨화일 것이다.

유시경 | 성공회 신부

꼭 1년 전 이맘 때로 기억한다. 철원평야와 소이산으로 평화도보 순례를 갔던 길에 저자를 만났다. 중고등학생들도 섞인 일행 중에서 비슷한 연배였던 저자와 자연스레 순례의 길벗이 되었다. 오가는 기차 안에서, 함께 산을 오르면서, 비를 피해 산위 정자 안에서 김밥을 함께 먹으며 나눴던 대화가 이 책 안에 오롯이 담겨 있음은, 정말 기쁜 일이다. 저자가 엷은 웃음을 띤 표정으로, 자세히 보면 한쪽이 약간 올라간 듯한 입술을 열 때마다 주옥같은 영단어 해설이 이어졌다. 그는 때론 나에게 간단한 영단어 뜻을 묻기도 했는데, 사전에 나오는 첫 번째 뜻 정도로 간신히 대답할 수 있었다. 그러는 가운데 친숙해졌고, 알고 보니 그는 나와 동갑내기였다. 그날 이후로 저자는 내게 영어 '명상가'요 '설교자'로 각인되어 있다.

이 책은 단지 영어단어의 속내를 풀어낸 것을 넘어서서, 삶의 순간과 여정마다 저자가 얻었던 경험적 깨우침이 담긴 명상과 고백의 글이다. 실체 없는 두려움의 원리를 fear와 ear로 풀어내고, spray에서 pray를 보고 '기도'를 끌어내고, hold에서 old를 잡아내어 '고정관념'에서 벗어나길 권하고, heart에서 hear를 찾아내어 '경청'을 읽어내는 그를 만나면, 상상력의 바다로 달려가는 듯 가슴이 벅차오른다. 기존에 알고 있다고 생각했던 것에서 새롭게 많은 것을 알게 되는 'know'를 깨우치게 된다. 무엇보다 그를 통해 지금의(now) 나, 즉 분수와 좌표를 생각하게 된다.

전팔금 | 전 원광대학교 부총장

새로운 것을 창작한다는 것은 참으로 어렵고 힘든 일이다. 이 책은 단어 속에 들어 있는 단어를 찾아 본래 단어가 가진 함축적 의미를 저자가 살아온 인생에서의 깨우침과 동서고금의 지식을 동원하여 설명하고 있다.

어찌 보면 잘 어울릴 것 같지 않은 영어단어에 동양의 불교와 노장사상을 접목하고 더하여 서양의 문학, 철학사상까지 동서를 아우러서 하나로 융화시켜 풀어나가는 솜씨는 10여 권의 특허 받은 영어책을 써낸 저자의 창의력이 아니면 누구도 생각해낼 수 없는 새로움이다.

단어를 설명함에 있어 관념적 문자의 단순 해설이 아닌, 그간 살아온 경험이 잘 녹아나는 현실감에 동서의 사상과 문학을 접목함으로써 영어초

보자로부터 전문지식인에 이르기까지 폭넓은 독자층을 형성할 수 있다는 장점을 지니고 있다. 게다가 구성면에서도 장문이 아닌 영어단어 하나하나를 분리하여 설명하고 있어 언제든 틈나는 대로 편리하게 나누어 읽을 수 있다는 접근의 용이성까지 갖추고 있다.

이 책은 '생활시 불법 불법시 생활'이라는 원불교 법문을, 비록 저자가 원불교 신도는 아니더라도 스스로 삶 속에서 깨우쳐 구현해놓은 구도의 결과물 같은 느낌도 든다. 이 책을 통해 많은 이들이 기본적 영어단어의 이해뿐만 아니라 삶의 깊은 성찰을 이루어가게 되리라고 믿어 의심치 않는다.

안영남 | 의정부교회 목사

현대인들은 누구나 언어에 대한 관심이 많고 언어를 열심히 공부하고 있다. 특별히 세계 공용어로 통용되고 있는 영어는 많은 사람들에게 사랑을 받고 있다. 하지만 언어를 공부하는 접근의 방법에 있어서 특정한 목적을 위하여 연구하고 공부하는 학습의 대상으로서의 영어는, 의미와 흥미보다는 짐과 부담으로 여겨지고 있는 것이 사실이다.

"왜 영어를 공부해야 하는가?" 라는 질문에 사람들은 무어라고 답할까? 대부분은 특정한 목적을 위해서 혹은 여행과 자유로운 의사소통을 위해서 공부한다고 말할 것이다. 그런데 이런 접근방법이야말로 언어가 주는 깊이와 의미, 흥미와 멀어지게 하고 만다. 거창한 언어철학을 논하지 않는다 할지라도 언어에는 역사가 있고 문화가 있고 전통과 철학과 스토리가 있다.

저자 이강석의 폭넓은 독서와 여행, 깊은 사유와 연구를 토대로 쓰여진

이 책을 읽다보면 언어라는 것이 단순히 점수 따기와 활용 그 자체에 머무는 것이 아니라 무한히 확장될 수 있음을 깨닫게 된다. 한 단어, 한 단어 속에 담긴 의미와 깊이, 스토리와 만나게 됨으로써 학문의 재미와 기쁨이 배가되면서 단순한 앎의 단계를 뛰어넘어, 언어 속에 담긴 삶으로의 여행을 떠나게 된다. 궁극적으로 언어 속에 담긴 의미를 되새기면서 책에서 말한 대로 실행하도록 유도한다.

'학이시습지學而時習之면, 불역열호不亦說乎아' 즉 '배우고 그것을 때때로 익히면 기쁘지 않겠는가' 라는 공자의 가르침에서 신영복 선생은 "習은 하얀(白) 어린 새가 날갯짓(羽) 하는 글자모양이 나타내고 있듯, 복습의 의미가 아니라 실천의 의미로 읽어야 한다"고 주장한다. 그는 배운 것, 자기가 옳다고 공감하는 것을 실천할 때 기쁨을 느끼게 되는 것이라고 말한다. 그런 의미에서 이 책을 읽는 독자는 학문하는 기쁨을 진정으로 누리게 될 것이다.

또한 저자의 깊은 사유와 경험, 특별히 성경에 대한 깊은 묵상과 지혜가 담긴 글은 깊은 감동을 준다. 이 책을 통해 영어에 보다 흥미를 가지는 계기가 되길 바라며, 언어 뒤에 숨겨진 스토리와 만나는 기쁨을 누리길 바라며, 이를 추천하는 바이다.

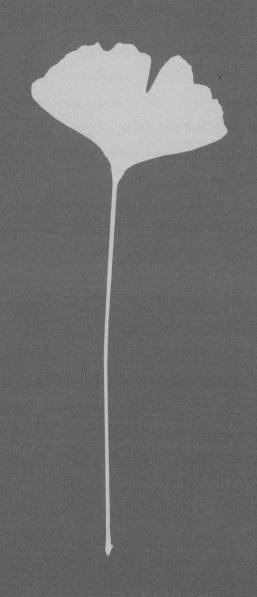

'한 권의 책' 으로 삶이 바뀐 사람이 있습니다.
'하나의 문장' 으로 운명이 바뀐 사람도 있습니다.
하지만 이 책은……
'한글자' 로 삶과 운명을 바꿔보라고 권합니다!

표제어 알파벳순